메이난 제작소
이야기

메이난 제작소
이야기

카마다 마사루 지음 | 김욱 옮김

페이퍼로드
paperroad

메이난 제작소 이야기

초판 1쇄 발행 2013년 7월 22일

지 은 이 카마다 마사루
옮 긴 이 김욱

펴 낸 이 최용범
펴 낸 곳 페이퍼로드
출판등록 제10-2427호(2002년 8월 7일)
          서울시 마포구 연남동 563-10번지 2층

편   집 김정주, 양현경
마 케 팅 윤성환
관   리 임필교
디 자 인 장원석

이 메 일 book@paperroad.net
홈페이지 www.paperroad.net
커뮤니티 blog.naver.com/paperoad
Tel (02)326-0328, 6387-2341 | Fax (02)335-0334

I S B N 978-89-92920-89-6 13320

『메이난 제작소 이야기』의 출간은 내 인생에서 이보다 기쁜 일이 없을 정도로 행복한 일이다. 왜냐하면 이 책은 내가 쓴 100여 권이 넘는 저서 중에서 가장 소중한 책이기 때문이다.

전례가 없는 이 색다른 기업 르포가 세상에 등장했을 때 솔직한 심정으로 얼마나 팔리게 될지를 예상할 수가 없었다. 먼저 이름이 알려지지 않은 소기업, 게다가 대중성이 전무한 목공기계 제조업체를 취재한 기업 르포였기에 초판이라도 무사히 팔려주기를 간절히 바라고 있었다.

그런데 나의 예상을 비웃는 결과가 나왔다. 엄청난 판매량과 더불어 숱한 찬사를 받게 된 것이다. 텔레비전과 신문, 잡지를 막론하고 저마다 이 책의 내용을 보도하기에 바빴다. 독자들은 책의 내용이 진실인지를 직접 확인하겠다며 메이난名南 제작소로 몰려갔다. 그로 인해 메이난 제작소에 피해를 끼쳤다. 이 점에 대해서는 몇 번이고 사과드렸다.

중소기업이 메이난에 관심을 보이는 것은 어찌 보면 당연한 현상이다. 그러나 놀랍게도 일본을 대표하는 대기업부터 외국 기업과 정부, 그리고 교사들과 각 지역 자치단체 사람들까지 메이난을 찾아갔다.

그러는 동안 이 책도 계속해서 증쇄를 거듭했다. 기업 르포로서는 유례가 드문 일이었다. 저자인 나는 물론이고 당사자인 메이난 제작소 사람들도 놀라움을 금치 못했다.

세월이 지나고 다시금 페이지를 넘겨 보니 숫자 등에 약간의 정정이 필요하다는 것을 알게 되었다. 하지만 내용은 손댈 필요가 없었다. 과거의 메이난은 오늘의 시대에도 그 모습이 달라지지 않았을 뿐만 아니라 21세기가 되었음에도 여전히 기업과 관공서, 교육계 등을 비롯한 사회 전반에 강렬한 충격과 문제의식을 던져주고 있기 때문이다.

21세기가 추구하는 초超선진적인 경영을 그들은 20세기 중반에 실천했다. 지난 30년 동안 인재 개발을 목표로 한 경영 컨설턴트로서 전국 각지의 크고 작은 기업체를 방문했고, 덕분에 일반인이 알지 못하는 독특한 기업들로부터 많은 가르침을 얻었다. 그중에서도 이 메이난 제작소는 매우 특별한 위치에 있다. 훌륭하다고 감탄할 정도가 아니라 내 인생 전반에까지 강렬한 영향력을 지속적으로 행사하는 소중한 존재가 되었다.

하세가와 사장은 "너무 과장되게 쓰셨어요. 이 책이 나올 무렵에는 회사가 망할지도 몰라요"라고 농담을 던졌다. 그러나 책이 처음 나오고 무려 60년 가까운 세월이 흘렀지만, 그들은 지금 이 순간에도 자신들이 정해놓은 길을 묵묵히 걸어가고 있다.

그들의 성공 요인은 세상의 고정관념에 대한 도전, 이상을 실현시키기 위한 도전에 있다. 그렇기 때문에 이곳을 찾을 때마다 나는 새로운 감명을 받고 돌아온다.

이 책이 기업을 발전시키는 새로운 경영의 계기가 되기를 기대한다. 이 책을 통해 보다 많은 분들이 승리하는 경영자가 되기를 기대한다.

마지막으로 당부드릴 것은 책이 처음 간행되었을 때부터 많은 분들이 관심을 갖고 메이난 제작소를 방문했다. 그 때문에 하세가와 사장을 비롯한 메이난 제작소 식구들에게 본의 아닌 폐를 끼쳤다. 이 책을 읽다 보면 메이난 제작소의 이상한 기업 경영에 궁금한 점이 한둘이 아니겠지만, 부디 책이라는 범위 내에서 사정을 헤아려주시기를 당부한다. 노파심에서 쓸데없는 데까지 참견한 것 같아 죄송스러운 마음뿐이다.

2013년 여름
카마다 마사루

차례

프롤로그

메이난 제작소로 가는 길

도쿄에서 신칸센을 타고 서쪽으로 내려간다. 나고야 역 도착 5분 전쯤 오른편 산 밑을 바라보면 메이난 제작소가 아주 잠깐 스쳐지나간다.

도쿄-나고야의 도카이도 선 중에 교와 역이 있다. 이 역에서 내려 도보로 18분, 교와 병원 맞은편에 메이난 제작소의 신사옥이 보인다. 본사는 아이치 현 아오부 시 가치다 쵸 3-130. 메이시 국도를 타고 내려가면 아리마쓰 나들목 부근이 된다.

신칸센에서 바라본 메이난은 로마자로 붉게 'meinan'이라고 콘크리트 벽에 새긴 글자가 전부다. 그것만 봐서는 이곳이 뭐하는 공간인지 알 수 없지만, 세간에는 합판 기계 제조업체로 알려져 있다.

내가 처음 방문했을 때는 국도 1호선 부근의 3층짜리 낡은 회색 건물을 공장으로 쓰고 있었다. 그리고 정확히 4년 후인 1974

12

메이난 제작소 신사옥 전경. 공장이라기보다는 공과대학원 혹은 연구소 같은 분위기가 감돈다.

년 7월 대규모 신사옥이 완공되어 세상을 깜짝 놀라게 만들었다. 왜냐하면 1974년은 석유파동으로 물가가 미쳐 날뛰던 시기였기 때문이다. 없는 돈도 아껴야 할 판국에 건평 1천 172평, 총 공사비만 무려 4억 5천만 엔이 예정된 공사였다. 그러나 건축 도중에 예정이 엇나가 애초의 5층 건물이 4층으로 축소되었고, 그럼에도 불구하고 오히려 공사비는 6억 엔으로 늘렸다. 더욱 놀라운 사실은 건축비 전액이 메이난의 사내 유보금으로 충당되었다는 것이다. 다시 말해 전액 회사가 보유한 현금으로 계산을 끝내버렸다.

메이난은 자본금 4천 500만 엔으로 출발했다. 내가 이 책을 처음 썼을 당시인 1970년대 중반 메이난의 종업원은 약 80명.

전국 각지에서 흔하게 볼 수 있는 소규모 기계 공장에 불과했다. 몇 가지 특색이 있다면 작은 규모에도 불구하고 연간 매출이 무려 22억 엔, 여기에 직원 1인당 매출은 2천 700만 엔, 경상이익이 8억 엔, 사내 유보금 15억 엔, 은행이나 개인에게 빌린 돈 제로, 주주 배당은 최소 30퍼센트, 평균 50퍼센트, 최대 100퍼센트를 기록한 해도 여러 번이다. 그야말로 엄청난 성적이다. 그리고 2013년 현재는 자본금 9천만 엔, 종업원 114명, 연간 매출 62억 엔, 여전히 차입금은 제로이며, 주주 배당금은 평균 45퍼센트로 증가했다. 최신식 신사옥을 돈 한 푼 빌리지 않고 여유 현금으로 건축한 것이다.

이름 높은 대기업도 내실은 대부분 빚이다. 빚에 빚을 져서 기업을 운영하는 것이 실체다. 그들과 비교했을 때 메이난의 성과는 입이 다물어지지 않는다. 그들이 보여준 경영의 형태는 가히 선진적이다 못해 경영 이상의 극대화다. 그 요인은 대체 어디에 있을까.

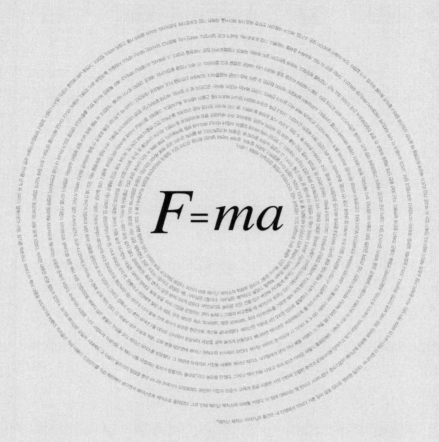

$$F = ma$$

제1장

메이난 제작소는 도대체 어떤 곳인가?

알 수 없는 매력을 가진 회사

건물 벽에 새겨진 물리학 공식의 정체는?

마침내 메이난 제작소에 발을 들여놓는다.

언덕 위에 서 있는 신사옥 앞에 선다. 건물에서 풍겨오는 느낌이 공장 같지 않다. 공과대학원, 혹은 연구소 같은 분위기마저 감돈다. 무엇보다도 놀라운 것은 건물 입구 벽면에 커다랗게 새겨진 'F=ma'라는 표어다.

아마도 다들 한번쯤은 이 공식을 본 적이 있을 것이다. 그 유명한 뉴턴의 물리학 중 '운동의 제2법칙'이다. 어찌하다 물리학 공식이 공장 벽에 새겨지게 되었는지 궁금했지만, 일단은 가던 길을 재촉했다.

본관 구조는 2층이다. 공장은 1층, 사무실은 2층이다. 사무실은 쾌적하고 넓었다. 앞쪽에 사무용 책상이, 안쪽에 낯선 디자인의 테이블이 몇 개 있다.

좌측이 설계부, 설계부 뒤편에 널따란 회의용 공간이 있다.

17

신사옥 입구에 커다랗게 새겨진 'F=ma'. F=ma는 메이난의 웅대한 이상을 담고 있다.

일종의 회의실인데 중앙에 학교에서나 볼 수 있는 대형 칠판이 있다. 아무리 봐도 교실처럼 생겼다. 여기가 바로 메이난 제작소의 학습회 장소다.

3층은 미사용 공간, 4층에 정식 회의실이 있고, 사장실과 식당, 다다미방과 서양풍 응접실이 차례로 나온다. 식당은 불을 안 켜도 환했다. 다다미방에 이로리(일본의 전통적인 난방 장치. 농가 등에서 방바닥의 일부를 네모나게 잘라 내고, 그곳에 재를 깔아 취사용, 난방용으로 불을 피운다)가 있다. 도롱이와 전통 모자로 장식해서 꽤나 시골풍이다. 직원 가족들이 방문하면 이 다다미방에서 숙박한다고 한다.

이 다다미방은 벽면이 특이했다. 화장판化粧板을 붙여놓지 않

18

았다. 다른 곳은 합판 기계 제조업체답게 호두나무 등으로 만든 합판을 여러 가지 방식으로 응결해서 붙여놓았는데, 오직 이 방만 초벽칠을 해놓았다. 실험적으로 만든 합판을 사용해봤기 때문이라는 설명이 돌아왔다.

누구나 앉을 수 있는 '사장 없는' 사장실

사장의 유일한 불만은 '그만 좀 마셔'라고 써 붙인 위스키가 줄어드는 것

신사옥 설계는 직원들이 직접 맡았다. 설계에 관심이 많은 직원들이 프로젝트 팀을 꾸려 모든 아이디어를 고안해냈다고 한다. 그때 사장이 제시한 조건은 단 세 가지였다.

첫째, 공장과 사무실을 연결하는 계단이 넓었으면 좋겠다.
둘째, 사장실이 필요하다.
셋째, 옥상에 사우나를 만들자.

사장이 굳이 사장실을 만들어달라고 요구한 데에는 이유가 있다. 내가 처음 구사옥을 방문했을 때마다 접수처 여직원은 "사장님이 오늘은 어디 계시지?"하며 여기저기 찾아다니곤 했다.
별 희한한 회사가 다 있다고 생각했다. 사장과 대화 도중에 그러고 보니 사장실이 어디냐고 묻자 없다고 한다. 그날 쉬는

직원의 자리, 혹은 출장 간 직원의 빈 자리가 일일 사장실이 된다는 대답이었다. 즉 사장이 있는 곳이 곧 사장실이라는 사고방식이다.

그날그날 사장이 일하는 책상이 다르고, 부서가 다르다. 당연히 하루를 같이 보내는 직원들의 업무도 다르다. 그들과 이야기하다 보면 일일이 회사를 돌아다니며 제대로 업무가 진행되고 있는지 확인할 필요가 없어서 좋다고 했다. 그 말을 듣고 과연 그렇군, 하고 감탄했다.

그런데 신사옥에는 사장실을 만들었다. 돈을 좀 벌었다고 그새 생각을 바꾼 걸까, 하고 실망하던 차에 '우리 회사에는 사장실이 없다'라는 특색에 구애받기 싫어서 일부러 만들었다는 답변이 돌아온다.

사장실에 들어가 보았다. 최고급 책상에 응접 세트, 푹신한 카펫이 여느 기업 못잖다. 문제는 당사자인 사장이 또 보이지 않는다. 큰돈 들여서 사장실을 만들었는데 정작 사장은 아직까지 사장실에 들어가 본 적이 없다는 이상한 사장실이다. 사장님은 아직도 사무실의 빈 책상을 쓰시는 것이냐고 묻자 공장과 본관을 연결하는 계단 복도에 책상을 하나 마련했다고 한다. 직원들이 오르내리는 계단 복도에 앉아 있으면 언제든 자기를 찾아올 수 있기 때문이라는 것이다.

사장실은 직원들이 회의용으로 사용하고 있었다. 어느 직원이든지 사장 의자에 앉아볼 수 있다. 사장이 된 기분을 느껴보라

는 뜻에서다. 그래서 사장실은 24시간 개방이다. 이런 사장실에
대한 사장의 유일한 불만은 '그만 좀 마셔'라고 종이에 써서 붙
여놓은 접대용 고급 위스키가 지속적으로 줄어들고 있다는 보
고가 올라올 때뿐이었다.

모두가 보람을 느낄 수 없는 회사라면 부셔버려!

메이난의 사원이 메이난을 부서뜨리지 못한다면 발전은 없다

사장이 하루 종일 앉아 있다는 계단 복도도 특이했다. 2층짜리 본관 뒤편에 최신식 설비를 갖춘 공장이 있다. 공장과 본관은 대계단으로 연결되어 있다. 몇 명이 나란히 달려도 될 만큼 넓은 계단이다. 이 계단이 이어진 복도 양편과 정면에 게시판이 있다. 업계 뉴스, 특허 홍보, 사내 게시판 등이다. 여럿이 함께 게시판을 읽어도 복도를 지나가는 데 불편함이 없을 너비라는 것이 놀라웠다.

복도 정면의 대형 게시판에 직원들은 하고 싶은 말을 마음껏 쓸 수가 있다. 펜과 백지가 항상 준비되어 있다. 이는 구사옥 시절부터의 습관으로 그 시절엔 계단 복도가 좁아 통행에 불편을 가져오는 경우가 종종 있어 사장은 특별히 신사옥 복도와 계단을 넓게 만들어달라고 요청했다.

구사옥을 방문한 첫날 이 대형 게시판을 보고 크게 놀랐다.

23

거기에 '메이난을 부셔버리자!'라는 글귀가 적혀 있었기 때문이다. 조금 길어질 것 같지만 메이난 제작소의 사풍이 어떤지를 알리고 싶은 마음에 게시판에 있던 글을 잠시 소개하기로 한다.

〔어느 날 게시판에서〕

A군은 반복되는 출장 때문에 늘 긴장하고 있다.
B군은 영업이 마음에 든다며 일이 재미있다고 한다.
C군은 한쪽 구석에 멍하니 앉아서 플래너를 확인하고 있다.
D군은 옷과 얼굴이 새까맣게 될 때까지 기계를 청소하고 있다.
E군은 책상 앞에 앉아 차를 마시며 물리학 공식과 영어 회화 수업을 듣는다.

C군 : 플래너를 작성하거나 완성된 물건을 나르는 게 내 일이야. 이젠 지긋지긋해. 그것도 모자라서 공부는 왜 하라는 거야?
E군 : 그게 무슨 말이야? 어느 직장이든 업무는 협동이야. 설계도, 플래너도 결국엔 같은 일이라고.
C군 : 그래? 그럼 나하고 바꿔서 일해볼래?
E군 : 얼마든지. 하지만 조직이 흐트러질 수도 있으니 그건 좀 어렵겠어. 무엇보다도 네가 설계를 할 수 있을까? 지금은 플래너에 충실하는 게 좋을 거야. 설계는 나중에 도전해도 늦지 않아.

C군·D군 : 왜 우리들만 시커먼 기름때에 쩔면서 남들이 싫어하는 작업에 동원되는가. 선배에게 물어봤다. 작업이나 똑바로 하란다. 그러면서 새로운 기계를 개발해 내라고 한다. 플래너 대신 개발만 해도 되느냐고 묻자 두 가지 일을 동시에 할 수 없으니 우선은 기계 작업부터 하란다. 개발과 플래너 작성도 소홀히 하면 안 된다고 몇 번씩 강조한다. 기계 작업을 마스터하지 못하는 놈은 개발도 못한다는 경고도 잊지 않는다. 듣기에 그럴싸해도 우리는 알고 있다. 젊은 우리들이 치고 올라오는 게 겁나서 툭하면 물리학 공식이니, 영어 단어니 자기들만 아는 얘기를 떠든다. 최근에는 영어 단어를 몇 마디 내뱉고는 꽁무니를 뺀다.

선배에겐 메이난이 삶의 보람일지 몰라도 우리에겐 아니다. 이따위 메이난은 부셔져라!

작은 공장일수록 직원들 간에 '따뜻한' 맛이 있어야 한다. 나는 언제든 메이난을 때려치울 수 있다.

－어느 후배가 선배에게

(그 게시글 옆에 나중에 적은 듯한 휘갈겨 쓴 게시글이 있었다)

맞아, C군. 삶의 보람을 느끼지 못한다면 부셔버려!

대신 너의 힘으로 부서뜨려야 해.

나도 메이난을 부수면서 여기까지 온 거야.

그래서 지금의 메이난 제작소가 된 거야.

> 부서지지 않고서는 메이난의 발전도 없다구!
> 내가 먼저 이런 말을 했어야 하는데 배가 아파 죽겠네!
>
> —선배 중 한 명인 사장이

어느 기업이 회사를 부서뜨리고 싶다는 논쟁을 받아들일 수 있을까. 어느 기업의 사원들이 사내 게시판에서 회사를 무너뜨리자고 말할 수 있을까. 내가 메이난 제작소에 관심을 갖게 된 동기 중 하나는 그날 게시판의 이런 글들을 접하고부터였다.

독자들에게 한 가지 양해를 구해야 될 점이 있다면 위의 사건은 벌써 수십 년 전 일이며, 현재의 C군과 D군은 메이난의 중추로서 어느새 회사의 노장이 되었다.

게시글에 나온 '학습'은 C군과 D군을 꽤나 괴롭힌 것으로 보인다. 학습에 관한 이야기는 뒤에 가서 듣기로 하고, 다음에 살펴볼 곳은 바로 '사우나'다.

벌거벗은 몸에서 아이디어가 나온다

회사 옥상의 사우나 전망대에서 아이디어 회의를

계단을 끝까지 올라가면 옥상이 나오고, 옥상에는 사우나 시설이 구비되어 있다. 하루 일과를 마친 직원들은 사우나에서 시원스레 땀을 흘리고 전망대를 겸한 휴게 살롱에서 느긋하게 휴식을 취한다. 사방을 통유리로 만든 살롱은 4층이라는 높이 때문에 주위 산들의 풍광이 한눈에 들어온다. 저 밑에 화살처럼 내달리는 신칸센도 보인다. 알몸의 허리에 타월 한 장 두르고 경치 좋은 살롱에 반쯤 누워 맥주나 위스키를 따라 마시는 기분은 이루 말할 수 없이 상쾌하다.

황색 카펫 위 걸상에 앉아 밖을 바라보며 물을 탄 위스키를 마신다. 그러는 사이에 문득 아이디어가 솟아나고, 옆에 앉은 동료들과 토론이 시작된다. 옥상의 살롱이 아이디어 회의실로 변하는 것이다. 감기에 걸리는 줄도 모르고 이야기에 열중한다.

맥주나 위스키는 보통 개인용으로 구입해서 보관해 두지만,

27

그렇지 못한 경우엔 동료의 술을 얻어 마신다. 이때는 각자 알아서 내고 싶은 만큼 돈을 낸다. 그 돈이 모이면 술을 사와 보급용으로 비치한다.

공장에 목욕탕이 있는 것은 드문 일이 아니다. 최근에는 사우나 시설까지 구비해놓는 곳이 많다. 그러나 옥상에 이처럼 호화판 살롱을 만들어놓고 회사에서 술까지 제공한다는 얘기는 들어보지 못했다. 옥상의 사우나와 살롱만으로도 메이난 제작소에서 일하는 직원들이 부러워졌다.

협력 업체와 함께 하는 송년회

함께 떡을 만들어 먹으며 결속을 강화시킨다

이 책을 쓰기 위해 나는 여러 번 메이난을 취재했다. 그러던 어느 날 임원이자 사장의 동생인 하세가와 노부히코 씨로부터 "괜찮으시면 12월 28일에 한 번 찾아주세요. 그 날이 송년회인데 떡을 해 먹을 겁니다"라는 말을 듣고 좋은 기회다 싶어 도쿄에서 출발했다.

가족과 협력 업체 관계자를 초대하는 송년회는 흔해도 회사에서 직접 떡을 만들어 먹는 예는 드물다. 일부 직원들의 제안으로 시작된 이벤트가 메이난만의 연중행사가 되었다고 한다.

널찍한 시험 공장 한쪽 구석에 돌절구 세 개가 준비되어 있다. 젊은 직원들이 힘차게 탕, 탕, 하고 떡메를 친다. 절구 곁 베니어판 위에는 방금 쳐낸 찰떡이 아내들과 아이들 손에서 곱게 빚어지고 있다. 팥고물이 묻은 손으로 즐거워하는 아이들의 표정을 보고 있으면 이곳이 과연 살풍경한 기계 제작소인지 의구

2012년 12월에도 어김없이 메이난식 송년회가 열렸다. 가족과 함께 직접 떡을 만들어 먹는 전통은 지금까지 계속되고 있다.

심이 들었다. 마치 유치원처럼 아이들의 웃음소리가 공장에 가득 퍼진다. 평화스럽고 행복해 보이는 한때였다. 인스턴트식품이 판을 치는 요즘 같은 세상이기에 일부러 가족을 불러 힘들여 떡을 만들어 먹는다. 전통 풍습을 가르쳐주는 목적과 동시에 먹는 것 하나를 만드는 게 얼마나 힘든지 가르쳐주는 것이다. 회사의 송년회인데 직원 중심이 아닌 직원의 가족들이 주인공이다. 그래도 직원들의 만족도는 매우 높다고 한다. 아빠가, 아들이, 남편이 일하는 곳에서 하루를 즐겁게 놀다 가는 기회가 흔치 않기 때문이다.

  모처럼 방문한 거래 은행 지점장들도 땀을 뻘뻘 흘려가며 떡을 만든다. 이렇게 만든 떡을 선물로 가져가는데 잊지 못할 추억이라며 두고두고 얘깃거리가 된다고 했다.

떡 만들기 행사가 끝나고 4층 대형 홀과 식당에서 본격적인 송년회가 시작되었다. 여직원과 직원 아내들이 아침부터 물만두를 빚고 있던 곳이기도 하다. 이 물만두는 메이난의 명물이다. 한 해의 끝에 반드시 먹어야 되는 전통이기도 하다. 드넓은 직원 식당은 이렇게 아침부터 손수 만든 음식들이 한데 모여 훌륭한 뷔페 식당이 되었다.

메이난의 송년회는 직원 친목회인 동시에 가족 모임이다. 사장의 너무나 짧은 인사말이 끝나자마자 파티가 시작되었다.

모 협력 업체에서 그날 아침에 직접 잡아 올린 방어를 기증한 덕분에 식당 중앙을 차지한 것은 멋진 방어회였다. 김밥과 어묵, 물만두, 떡과 술이 푸짐하게 차려져 있다. 한 가지 더 특이한 점은 식탁을 모두 치우고 식당 바닥에 돗자리를 깔았다는 것이다. 야유회라도 온 것처럼 편하게 가족끼리 앉아 왁자지껄 떠들며 배가 터질 때까지 먹고 돌아가는 축제였다.

메이난 제작소는 21세기의 대장간

구애받지 않는 마음으로 매너리즘을 타파하라

4층의 대형 홀은 원래 학습회와 사원총회를 위해 만든 것이다. 정면 벽에는 초대형 칠판이 걸려 있다. 이 칠판에는 사장이 손수 써놓은 표어가 있다.

> 구애받지 않는 마음―구애받는 마음=?
> 메이난은 21세기의 대장간

구애받지 않는 마음이란 유명한 승려인 다카다 고인高田好胤의 말인데, 무엇인가에 구애받기 시작하면 그것이 매너리즘이 되고 정체된다는 뜻이다. 따라서 구애받지 않는 마음이 메이난을 성장시키는 원동력이라고 사장은 믿고 있는 듯했다.

대장간이라는 말은 사장이 제일 좋아하는 말이다. 회사 곳곳에 '메이난은 21세기의 대장간'이라는 표어가 붙어 있다. 옛 장인의 전통을 이어받음과 동시에 21세기를 개척하는 독창적인 기계를 만드는 것이 목표인 메이난다운 표어라고 생각했다.

송년회 순서는 간부들의 인사말과 건배, 밴드 연주(직원들이 만든 동호회) 순으로 여느 회사와 다를 바 없었다. 이 순서에서 '구애받지 않는 마음'으로 매너리즘을 타파한 주역은 사장과 아이들이었다. 사장은 인사말과 건배가 제창되는 동안에 아이들을 데리고 중앙의 칠판 앞으로 걸어갔다. 그리고는 사람 그림을 그려놓고 옆에 암호 같은 글자를 적었다. 어른들 행사에 지루함을 느꼈던 아이들이 하나둘씩 사장 곁으로 가서는 칠판 가득 낙서하기 시작했다. 그러자 이번에는 아버지들까지 나서서 자기 아이를 번쩍 안아 칠판 제일 높은 곳에 낙서하도록 도와주었다. 어렵다면 어렵다고 할 수 있는 아버지의 회사에 놀러 와서 구애받지 않는 마음으로 회사의 대사업이 계획되는 칠판에 마음껏 낙서를 즐기는 아이들. 그들의 일생에서 쉽게 할 수 있는 장난은 아니다. 저마다 취향대로 낙서를 즐기고 있다. 그 모습이야말로 메이난의 사풍인 것 같았다. 가족 동반의 송년회가 어떤 의미인지 알 것 같았다.

송년회 중간에 불이 꺼지고 영화 한 편이 상영되었다. 중소기업 단체 중앙회에서 제작한 텔레비전 영화로 제목은 〈신新 중소기업〉. 메이난 제작소를 다룬 16밀리미터 필름이다.

텔레비전의 작은 화면과 달리 커다란 스크린과 쾅쾅 울리는 사운드 속에서 아버지, 엄마, 또는 남편과 아내의 일하는 모습이 등장한다. 아이들과 아내들과 부모들이 환성을 올린다.

30분 분량의 이 프로그램은 창조를 위해 몰두하는 중소기업의 열정이 감동적으로 표현된 작품이었다. 촬영을 주도한 감독마저 다음에 기회가 있으면 제대로 메이난의 분위기를 카메라에 담고 싶다고 말했을 만큼 인간의 노동에 대해 다시금 생각해보게 만드는 기업 다큐였다.

창업 이래 이익을 올리라고 다그친 적은
단 한 번도 없다!

사장의 고민은 직원들이 너무 많이 벌어서 문제라는 것

메이난 제작소는 1960년대부터 독자적인 경영 방식으로 저널
리즘의 주목을 끌었다. 앞서 여러 신문과 잡지에서 취재한 바
있다.

그중 경영자 월간지《프레지던트》에 다케시마 호리코 씨가 기
고한 '뉴턴 매니지먼트─물리학으로 무장한 메이난 제작소의
하세가와 가쓰지'라는 흥미로운 기사가 큰 주목을 받았다.

이 기고문에서 나의 흥미를 끈 것은 다음과 같은 에피소드였
다.《도쿄 경영자 클럽》세미나에 강사로 초대된 하세가와 사장
은 세미나 도중에 즉흥적으로 떠오른 생각을 메모지에 적고 대
량 복사해 참석한 경영자들에게 나눠줬다. 이 즉흥 메모야말로
메이난 제작소의 개성이라고 생각되어 잠깐 인용해볼까 한다.

회사 경영으로 밤낮 고민하고 계신 사장님들께

이 글을 읽고 어떤 생각을 하실지는 여러분의 자유입니다.

회사는 사람들이 모여 무엇인가를 만들어내는 곳입니다. 마음이 부딪쳐 발생하는 문제에서 자유로울 수 없습니다. 그리고 마음의 문제는 과학으로 해명하지 않고서는 달리 방법이 없습니다. 때로는 우연으로 해결되기도 하지만, 결국에는 그것이 심각해져 회사는 무너집니다.

마음의 문제는 이것입니다. '일'과 '사원' 중 어느 쪽을 더 소중하게 여기고 있는가? 나의 대답은 '사원'입니다. 일과 사원의 순위에 따라 경영의 성공이 좌우됩니다.

사원에게 개인적으로 중요한 문제가 발생했을 때 회사는 사원이 처한 '문제'를 해결해주려고 노력해야 합니다. 그런 사고방식이 깔려 있지 않은 경영은 사람다운 경영이 아닙니다. 회사는 사원의 문제를 해결해주고, 사원은 회사의 문제를 해결해주는 것. 이것이 경영이라는 사회 운영의 근본인 것입니다. (중략)

우리 회사는 노조가 없습니다. 회사에서 임금 인상을 제시하지도 않습니다. 그런데 파업도 하지 않습니다. 사원들이 알아서 자꾸 돈을 벌어옵니다. 너무 많이 벌어서 나로서는 감당이 안 될 정도입니다. 매일매일이 기분 좋고 즐겁습니다. 나 같은 사장도 있다는 것을 기억해주십시오.

36

이렇게 적힌 복사 용지를 읽고 도쿄의 잘나가는 경영자들은 어이가 없었을 것이다.

특히 "나는 창업 이래 한 번도 이익을 올리라고 말한 적이 없습니다. 그런데 자꾸 돈을 벌어 와서 어떻게 할 도리가 없더군요"라는 말에는 다들 어안이 벙벙해졌다. 또 사장이라는 사람이 "자연법칙을 따라라"는 말도 안 되는 논리를 주장하는 것이어서 괜히 왔다 싶은 표정의 사장들도 적지 않았다. 불과 몇 시간의 세미나로는 메이난 제작소의 이상한 경영이 이해되지 않았을 것이다.

한편으로는 내가 이 회사를 소개하는 데 적합한 사람인지 걱정이 된다. 아무쪼록 최선을 다해 메이난 제작소를 해명해보고자 노력할 뿐이다.

사장은 회사가 자꾸 돈을 벌게 되어 곤란하다고 말했다. 그렇다면 어떤 연유로 이런 이상한 경영이 시작되었을까. 방문할 때마다 점점 더 궁금증을 불러일으키는 이곳을 본격적으로 파헤쳐보자.

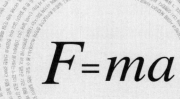

$$F = ma$$

제2장
_____
이상한 경영의 탄생

사장이 살아가는 방법과 사고방식

사물의 이치대로 생각하는 법

세계 1위가 되고 싶다면 에디슨으로 거슬러 올라가라!

메이난 제작소의 이상한, 혹은 놀라운 경영 비법에 대해서는 앞으로도 다양한 각도에서 분석해볼 테지만, 우선은 메이난 제작소의 창시자인 하세가와 가쓰지 사장이 살아온 인생과 사상을 더듬어보기로 한다. 메이난 제작소는 창립자의 이상한 사상에서 비롯되었기 때문이다.

하세가와 사장의 첫인상은 온화하다. 늘 웃는 얼굴이다. 사장 특유의 거드름은 느껴지지 않는다. 이런 인상 때문에 어떤 이는 목사님 같다고 표현하기도 한다. 기업 경영에 대해 물어보면 인간과 진리의 관계부터 설파하는 그의 열정에 전도자의 상을 떠올렸기 때문인지도 모른다.

그러나 하세가와 사장의 성장 과정은 종교적인 분위기와는 거리가 멀다. 전형적인 기계 엔지니어로서의 외길을 걸어왔다. 그럼에도 불구하고 인간에 대한 깊은 통찰과 관심에서 전인미답

41

이라고밖에 할 수 없는 독창적인 경영관을 갖기에 이르렀다. 그렇게 되기까지의 과정이 우선은 이상하다.

하세가와 사장의 증언을 토대로 성장 과정을 정리해보았다. 본명은 하세가와 가쓰지다. 1927년 2월 2일, 여러 형제 중에 둘째로 태어났다.

돗토리 요나구 시가 고향인데 집이 가난했다. 어려서부터 입에 담기조차 민망한 생활이 반복되었다고 한다. 장사를 했던 집안이 망하면서 야반도주가 일상이었고, 그렇게 나고야까지 흘러들었다고 한다. 아버지는 오야마에 스키장을 만들었을 정도로 도전적인 인물이었다. 개척자 정신은 아버지에게서 물려받은 것 같다.

하세가와 사장 말로는 어머니에게서 받은 영향이 더 크다고 한다. 어머니는 교육자 집안의 딸이었다. 합리적이고 이지적인 성격이었다. 《주부의 친구》라는 잡지를 애독했으며, 식품 영양 분석표를 주방에 붙여놓고 요리했다. 지방에서는 보기 드문 인텔리였다고 한다.

그럼에도 자녀에게 '공부하라'고 말한 적이 없다. 사물을 합리적으로 생각하는 방법을 몸소 실천으로 보여줬다. 그래서인지 하세가와 소년의 학교 성적은 형편없었지만, 어려서부터 사물의 이치를 캐내는 데 재능이 있었다.

이야기를 듣고 있자니 발명왕 에디슨과 그 모친이 떠올랐다. 에디슨의 어머니는 원래 선생님이었다. 하지만 공부 대신 아들에게 사물의 이치를 가르치는 데 주목했고, 에디슨은 어려서 '퀴즈 키드'라는 별명으로 불릴 만큼 궁금한 게 많았다.

유명한 얘기로 에디슨은 '왜'라고 물어보는 습관 때문에 초등학교에 입학하자마자 문제아로 등극했다.

에디슨의 어머니는 학교로 불려가서도 아들을 나무라기는커녕 "아이가 물어보는 게 귀찮다면 내가 가르치죠"라면서 아들의 교육을 책임졌다. 에디슨의 '왜'라는 질문에 끝까지 상냥하게 대답했고, 그녀가 모르는 내용은 누구누구에게 물어보라든가, 도서관에 가서 조사해보라는 식으로 방향을 제시했다.

에디슨은 정규 학력은 초등학교 1학년을 3개월 다닌 것이 전부다. 대신 학교의 주입식 교육에 오염되지 않고 천부적인 '왜'라는 욕망(지금으로 말하면 창조성)을 탐했기에 오늘날의 에디슨이 될 수 있었다고 생각한다.

발명왕 에디슨에 하세가와 사장을 비교하는 것은 어불성설이라고 말하는 독자도 있겠지만, 세계에 유례가 없는 경영을 위해 인간이라는 존재를 파고든 탐구심, 세계 제일의 목공기계를 만들어내고자 밤낮으로 노력한 열정은 어딘지 모르게 에디슨을 떠올리게 한다. 마치 그 모습은 "내가 에디슨이 될 수는 없겠지만 에디슨을 낳아 에디슨으로 기르는 것은 가능하다"라고 세상을 향해 선포하는 것처럼 보인다.

직원이 함께 번영하는 회사

'이상적인 회사'는 내가 만들 수밖에 없다

나고야에 도착한 하세가와 소년은 열다섯에 고등소학교를 졸업하고 A제작소에 취직했다. 동시에 시립 공예 학교에도 입학했다. A제작소는 목공 합판 기계 제조업체로 하세가와 사장과 목공기계의 인연이 시작된 곳이다. A제작소를 선택한 이유는 단지 학교가 가까워서 통학이 편했기 때문이다. 운명이라고밖에 할 수 없다.

소년 하세가와는 기계를 무척 좋아했다. 그런데 이상하게도 목공기계는 마음에 들지 않았다. 전쟁이 한창이던 시기여서 관심은 비행기에 쏠려 있었다. 낮에는 일하고 밤에는 공예 학교에서 공부하는 생활이 4년간 이어졌고, 학교를 졸업하자마자 회사를 그만두고 '나고야탄코'라는 비행기 부품 공장에 취직했다.

하지만 제대로 배워보기도 전에 일본이 패전했고, 군수공장이었던 나고야탄코도 문을 닫았다.

하는 수 없이 아이치 현청이 경영하는 나고야 항의 항만 기계를 수리하는 공장에 입사했다. 이곳에서 기계 수리를 본격적으로 배우며 기술을 연마했다. 그러나 관리자들의 사고방식에 상처를 받고 다시 회사를 나왔다. 그 후로 몇 군데 공장을 전전하는 방황이 시작되었다.

그러던 어느 날 문을 닫았던 나고야탄코 공장이 축음기 부품을 만드는 회사로 재기했다는 소식을 듣고 다시 찾아갔다.

이 무렵 일본은 노동운동이 전국으로 확산되던 시기다. 혈기 왕성한 청년 하세가와도 노조를 결성하고 위원장이 되었다. 불안한 노동환경을 바꿔보자는 일념으로 노조에 가입했으나, GHQ(연합군 최고사령부)의 압력과 경영자의 방만한 회사 운영이 어우러져 나고야탄코는 또다시 폐업하는 처지가 되었다. 당연히 청년 하세가와가 설립한 노조도 거리로 내쫓겼다.

이날의 체험을 통해 좋은 의도에서 노조를 설립하고 투쟁하더라도 회사가 망해버리면 이자는커녕 본전도 못 챙긴다는 것을 뼈저리게 깨우치게 되었다. 스스로도 그때의 체험이 훗날 경영자가 되었을 때 자신의 경영 이념을 구축하는 기반이 되었다고 고백했다.

직장을 잃은 청년 하세가와는 고민 끝에 그토록 싫어했던 목공기계 현장으로 돌아간다. 일본의 목공기계 업계를 대표하는 B제작소에 입사하게 된 것이다.

당시 B업체는 사원이 300명에 달하는 목공 업계의 선봉이었다. 그러나 패전 후 불황에 위기를 느껴 인원 정리에 몰두하고 있었다. 그런 한편으로 장래성이 있는 젊은 기술자를 찾고 있었다. 전부터 주목하고 있던 하세가와가 놀고 있다는 소식에 B업체는 망설이지 않고 특별 채용으로 스카우트했다.

하세가와는 전 직장에서 노조 위원장으로 있었다. 목공계 노조협회에서는 한때나마 노조 위원장으로 투신했던 청년이 인원 정리에 나선 공장에 스카우트되는 모양새를 탐탁치않게 여겼다. 그래서 2년간 생산·설계 현장을 떠나 사장 직속 영업부에서 일해야 했다. 이때의 체험이 청년 하세가와를 크게 성장시키는 계기가 된다.

지금까지는 설계와 가공·조립이 전부였지만, 영업부에서는 수요자와 직접 접촉해야 한다. 그들의 희망과 요구 사항을 세세히 체크해서 반영시켜야 한다. 소비자가 원하는 창조적 개발의 급소를 파악하게 된 것이다.

이 회사에서는 4년 가까이 일했다. 하지만 노사관계로 동료들과 어울리지 못했고, B사의 하청 업체인 C철공에 초청 형식으로 이직하게 된다.

C철공은 소규모 회사였다. 사장 혼자 설계부터 영업까지 모두 책임졌다. 다행히 기계 개발에 성공하면서 C철공은 비약적으로 성장했고, 하청 업체에서 벗어날 수 있었다.

그런데 이 성공의 주역에는 청년 하세가와가 있었다. 그의 독자적인 아이디어로 개발된 특수 대패판이 베스트셀러가 된 것이다. 처음 기획할 때만 해도 50~60대만 팔아도 대성공이라고 여겼는데, 무려 10만 대가 넘게 팔렸다. 덕분에 C철공은 돈을 긁어모았다.

이 제품은 수요자로부터 이런 것을 만들어달라는 요구에 부응하고자 만든 것이 아니었다. 수요자가 이런 제품을 원할 수밖에 없다고 생각해서 만든 것이다. 이때부터 청년 하세가와는 과학적인 분석력을 동원해 수요의 근본을 파악하고 있었던 것으로 보인다. 무엇보다도 할 수 있다는 자신감을 얻은 게 큰 수확이었다.

하지만 안타깝게도 이 성공은 또 한 번의 쓰디쓴 경험으로 끝났다. 매출 급증으로 마음이 변한 사장이 "내 돈이 들어갔으니 뽑을 수 있을 때까지 뽑아내야 한다"라면서 성공하기까지의 과정을 잊어버린 채 모든 이익을 혼자 독점해버렸다.

또다시 상처를 입은 청년 하세가와는 C철공 사장의 경영 방식, 나아가서는 종래의 경영 방식에 근본적인 의심을 품게 되었다. 자신처럼 의욕이 넘치는 청년들이 꿈을 실현시키려면 스스로 회사를 만들어내는 수밖에 없다고 절감하게 되었다.

노조 위원장 시절에는 노동3법을 철저히 공부해서 회사를 압박했다가 회사와 노조가 공멸했다면, 이번에는 경영자의 욕심으로 희생양이 되어 스스로의 가치를 상실했다.

"인간으로 태어났는데 인간성의 본질을 뭉개버리는 회사에 잠식당해서는 안 된다. 내 안의 창조력과 사고력을 키우려면 자립하는 길밖에는 없다."

청년 하세가와는 이렇게 결의를 굳히게 되었다.

현실을 인정하면 인생이 비겁해진다

자본의 힘에 맞서는 과감한 독립

단결해서 대항했더니 회사가 망하고, 성공인가 싶었더니 무능한 경영자 때문에 뜻을 이루지 못했다. 이런 현실을 용인하는 순간 인생이 비겁해진다. 그럴 바에야 스스로 납득할 수 있는 회사를 만들어보는 게 어떨까. 그런 열망으로 독립을 준비한 것이 1952년, 그의 나이 26세였다.

C철공 시절 남보다 한 가지씩 더 일해왔고, 영업과 개발을 모두 경험했기에 수요자의 잠재적 욕망을 간파하고 있다는 자신감이 더해졌다. 그래서인지 창업을 결단하는 데 그리 많은 고민이 소모되지는 않았다.

마침내 1953년 '메이난 기계연구소'라는 간판을 걸고 독립했다. 처음 반년은 혼자 일했고, 반년 후에 간판을 '메이난 제작소'로 바꾼다. 그에 걸맞게 다섯 명의 직원을 뽑아 어엿한 회사로서 출발했다.

처음에 연구소라고 명명한 것은 제품 개발에 사활을 걸었기 때문이다. 이를 위해 돈을 빌리지 않겠다, 아무리 힘들어도 내가 번 돈으로 회사를 운영하겠다고 다짐했다.

지금까지의 경험으로 하청 업체가 감내해야 될 비참함과 한심스런 자괴감은 충분히 알고 있었다. 소규모 회사에서 겪게 되는 비인간적인 치사함과 생산에 관여한 것이 없는 주제에 돈을 내놓았으니 결과를 독점하겠다는 자본가의 논리가 지긋지긋해서 창업한 것인 만큼, 인간의 노력이 자본에 밀려 짓밟히는 꼴은 절대로 용납하지 않겠다는 굳은 의지가 초기부터 싹텄다.

그런데 놀랍게도 하세가와 사장의 원래 꿈은 소설가였다고 한다. 이것도 재미난 일이다. 문학은 인간의 심리에 깃든 깊고 오묘한 비밀에 다가서는 예술이다. 하세가와 사장은 문학의 길로 나아가지 못한 대신 다른 입구를 통해 인간성의 본질에 당도하게 되었다. 문학과 사업, 언뜻 보면 다른 길이지만 애초에 추구한 목표는 비슷했다는 점에서 하세가와 사장은 다른 방식으로 자신의 꿈을 실현시켰다고도 볼 수 있다.

회사가 어려워져도 하청은 받지 않겠다고 결심한 하세가와 사장은 최고의 기계를 만들어보자는 일념하에 첫 번째 작품으로 배터리 슬라이서를 개발한다. 여기까지는 좋았으나, 창업은 호락호락한 일이 아니었다. 노조 위원장과 엔지니어로 고용되었을 때는 경영이 무척 쉬워보였다. 누구나 할 수 있다고 생각했다. 하지만 현실은 달랐다. 옆에서 보는 것과 직접 하는 것에는 큰 차이가 있었다. 처음 5년 동안은 회사를 정상 궤도에 올려놓는 것만으로도 벅찼다. 주문을 받고 어음을 현금으로 바꾸느라 정신이 없었다. 이상의 실현시키겠다는 본래 의도와 달리 하고 싶지 않은 일로 숱하게 마음고생을 했다.

가장 큰 상처는 사람을 구하기 어렵다는 점이었다. 영세한 가내공장에 능력 있는 인재가 입사할 리 없었다. 하는 수 없이 형제를 끌어들였다.

애초에 회사 이름이 '메이난 기계연구소'가 된 것도 돈이 없어서였다. 당시 숙부가 나고야 시에서 '메이난 산업'이라는 회사를 운영하고 있었다. 하세가와 사장은 이곳 사무실에 책상 하나를 빌려 사업을 시작했다.

회사는 모두의 것이라고 생각한 하세가와 사장은 어떤 경우에도 '하세가와 ○○'라는 식으로 자기 이름을 내세우지 않았다.

시간이 지날수록 숙부의 사업은 뜻대로 되지 않고, 책상 하나를 빌려 출발한 조카의 회사는 성장을 거듭했다. 급기야는 숙부의 회사와 땅을 매수하면서 숙부를 비롯한 메이난 산업 직원들 모두를 받아들였다.

이때까지만 해도 하세가와 사장은 가족을 끌어들인 결정이 자신을 괴롭히게 되리라고는 상상하지 못했다. 여유도 없었다.

5년차에 접어들면서 직원이 25명으로 늘어났다. 그러나 여전히 근처 작은 공장들과 큰 차이가 없는 영세 공장에 불과했다.

대기업만 인정하는 명문 대학의 행태

창립 5년차, 이상과 현실의 괴리

5주년 창립 기념일을 전후로 하세가와 사장은 다시금 창립 이념을 떠올렸으나, 이상과 현실의 괴리에 적잖은 상처와 충격만 받게 될 뿐이었다.

직원들은 온몸이 시커멓게 될 때까지 열심히 일했다. 하지만 퇴근하기가 무섭게 마작판에 월급을 쏟아부었다. 사장이 기대한 인간적 성장에는 관심조차 없었다. 안타까워도 사장이 할 수 있는 일이 없었다.

경영은 생각보다 어렵고 고단했다. 챙겨야 될 일이 한두 가지가 아니다. 이것도 변명에 불과하다. 이러려고 회사를 만든 게 아니었다. 회사는 꼭 환경에 지배당할 수밖에 없는가, 라는 의문에 하세가와 사장은 단호히 아니다, 라고 대답했다. 아무리 작은 회사이더라도 꿈은 실현될 수 있다는 믿음을 갖고 본격적인 투쟁을 시작했다. 이 투쟁의 결과가 조금씩 보이기까지 무려

5년이라는 세월이 걸렸다.

그동안 이런 사건이 있었다. 회사가 발전하기 위해서는 기술적인 동지가 필요하다고 생각한 사장은 엔지니어가 될 만한 인재를 찾아 지방의 명문교인 나고야 대학과 나고야 공대를 찾았다. 교수를 만나 똑똑한 학생이 있으면 소개시켜달라고 머리를 조아리며 부탁했다. 그러자 교수들은 30명 안팎의 작은 공장, 그것도 지방의 무명 공장에 일류 공과대학 졸업생을 보내달라는 것이냐며 대놓고 면박을 줬다. 그중 한 명은 모욕도 서슴치 않았다.

"당신, 뭔가 착각하고 있는 것 아냐? 우리 대학 졸업생이 당신 회사에 갈 수도 있다고 생각하는 거야?"

나고야 대학과 나고야 공대는 국립대학이다. 국립대학은 국민의 세금으로 운영된다. 메이난 제작소 같은 중소기업도 세금을 낸다. 그래서 학생들은 큰돈 들이지 않고 대학에서 공부할 수 있었다. 그런데 학생들은 대기업만을 일터로 취급한다. 교수라는 작자들도 대기업에 자기가 가르친 학생을 몇 명이나 보내느냐에 따라 권위가 세워진다고 여긴다. 하세가와 사장은 이런 현실에 분노했고 좌절했다.

그에게 필요한 것은 훈련에 따라올 수 있는 젊은이였다. 단순히 함께 일하는 것만이 아니라 논리적으로 성장할 수 있는 인재가 필요했다. 그것이야말로 하세가와 사장의 절실한 소원이었다. 그러나 현실의 장벽에 막혀 무참히 짓밟혔다.

국가도, 대학도 의지할 곳이 못 된다는 것을 깨달은 사장은 천명한다.

"내가 직접 교육시키겠다. 그 전에 나부터 교육시키겠다."

이것이 전무후무한 메이난 제작소의 신화가 탄생하게 된 계기다. 다행히도 창립 7주년에 맞춰 훗날 경영 혁신의 주축으로 활약하는 하세가와 노부히코(사장의 막내 동생), 핫토리 유키오, 스기모토 코지 등이 연달아 입사했다.

윤곽을 드러내는 메이난 제작소의 청사진

창립 10주년, 과학적 장인 육성의 시작

별별 고생을 다 겪으며 10년 세월을 버텼다. 경영이란 무엇인가, 라는 의문을 품고 회사를 시작한 하세가와 사장은 메이난 창립 10주년을 맞아 다음과 같이 말했다.

"매일의 업무에 쫓기느라 처음의 이상을 돌아볼 여유 따위는 없었습니다. 그렇게 10년이 흘렀습니다. 10주년을 맞이하며 새삼 과거를 되돌아봅니다. 그리고 '이래서는 안 됐어. 당치도 않은 일을 저질렀어'라고 반성했습니다.

이제 기업은 조직의 세분화, 작업의 세분화, 단능화, 전문화, 표준화를 추구하는 것이 본질인 것처럼 인식되고 있습니다. 업무란 'plan-do-see'인데, 대다수 직원들이 do의 극히 일부에 종사할 뿐 do의 전체를 경험하지 못하고 있습니다. 그런 판국에 plan과 see에 참여할 기회 같은 건 처음부터 강탈당한 상태입니다.

인간이 기계처럼 사용되고 있습니다. 당연히 사람들은 극히 한정된 자기 업무 이외의 것은 생각하지 않게 되었고, 나머지 부분은 전부 누군가를 의지하며 같은 일을 반복하고 있습니다. 적극성을 잃는 것은 당연하고 자신의 능력적 가능성마저 빼앗긴 채 말입니다."

1963년의 어느 날, 목공기계를 만드는 작은 공장의 사장이 한 말이라고는 믿어지지 않는다. 시대에 앞서 이렇게 고뇌하고, 이를 해결하고자 평생을 바친 사람이 나고야의 후미진 골목에서 태어났다는 것은 놀라운 우연이다.

사장의 반성은 계속되었다.

"10주년을 맞아 우리 회사는 종업원 56명, 연간 매출 2억 7천만 엔의 벨트샌드 전문 제조업체로 성장했습니다. 우리가 성장할수록 우리는 다른 회사들과 비슷해졌고, 나는 그것이 두려워졌습니다. 과연 우리가 일하는 일터에서 직원들은 삶의 보람을 느끼고 있을까, 그렇지 못하다면 우리의 체제가 어떻게 바뀌어야 되는가.

내가 내린 결론은 이것입니다. 사람에겐 자기향상의 욕구가 있고, 그 욕구가 충족되었을 때 기쁨을 느낍니다. 자기 손으로 한 가지 사물을 완성했을 때 보람을 느낍니다. 그러나 현실의 직장은 업무적인 틀에 묶여 세분화된 작업을 강요합니다. 능력 개발, 개인의 향상을 기대하기 어렵습니다. 내가 참여해서 완성시킨 사물을 봐도 보람이 느껴지지 않습니다.

그러나 옛날의 장인들, 이를테면 목공 장인만 하더라도 직접 고객과 상담하고, 손수 설계하고, 일일이 재료를 구입해서 자기 손으로 가공과 조립을 실천했습니다. 그런 과정을 통해 충족감을 맛보았습니다. 그 시스템이 우리 회사에 도입되어야 한다고 확신합니다. 요즘 말로 하면 '버티컬 풀 잡 시스템Vertical Full Job System'입니다. 직원들이 횡적 업무가 아닌 종적 업무로 처음과 끝을 책임지는 시스템입니다.

　메이난의 이상이 비로소 구체화되었습니다. 따로 이름을 짓지는 않겠지만, 나는 직원들 한 명 한 명이 모든 일을 다룰 수 있게 되기를 바랍니다. 그런 능력을 갖추도록 지원하는 것이 나의 목표입니다. 새로운 시스템이 적용되기 위해서는 한 가지 전제가 있습니다. 각 사람의 능력이 한 단계 높은 레벨로 발전해야 된다는 것입니다. 모든 업무에 대응할 수 있게끔 기본 능력을 키워야 한다는 점입니다.

　창립 10주년을 맞아 메이난의 이상이 눈에 보이기 시작했습니다. 우리에게는 꿈을 이룰 만한 여력도 있습니다. 반성과 더불어 그에 대한 해결책으로서, 이제 전 사원을 대상으로 교육에 착수할까 합니다."

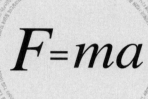

자기 계발 비용은 자기가 부담한다는 원칙

평생 잃어버릴 걱정 없는 선물

창립 때의 이상이 구체화됨에 따라 회사의 근본을 바꿔나가는 첫 단추로서 '교육'이 필수라고 확신한 하세가와 사장은 창립 10주년을 기회로 감히 누구도 시도한 적이 없는 '학습회'를 고안해 낸다. 여기에는 그럴 수밖에 없었던 사정도 있었다.

메이난 제작소는 그 무렵까지도 소규모 공장이었다. 신입 사원은 중학교를 갓 졸업한 십대 중반이 대부분이었다. 그런데 업무는 주문생산이 거의 없는 형태, 즉 메이난이 직접 개발한 제품이었다. 기술력을 높이는 일이 관건이었다. 그래서 사장은 중졸의 십대들을 채용하기에 앞서 조건을 하나 내세웠는데, 비슷한 처지의 다른 회사들과 마찬가지로 낮에는 일하고 밤에는 야간공업고등학교를 다녀야 한다는 것이었다.

야간학교에 다니는 것이 의무화되었으나, 사장은 공부란 본디 자기 자신을 위해 하는 것이므로 수업료를 지원할 수는 없다고 못을 박았다. 그에 따른 경비도 일체 지원하지 않았다.

　세상 물정을 모르는 어린 직원들은 그런가 보다, 하고 야간학교에 다녔다. 그런데 자신들과 비슷한 처지의 친구들이 그들이 다니고 있는 회사로부터 온갖 원조를 다 받고 있음을 알게 되면서 문제가 터졌다. 하세가와 사장에게 항의가 빗발친 것이다.

　그렇다면 사장은 어떻게 응답했을까. 이에 대해서는 사보《메이난》을 보면 알 수 있다. 어린 직원들의 요구에 사장이 글로써 답한 것이다. 다음은 그 전문이다.

학비는 못 대줘!

야간고등학교에 다니는 직원 두세 명이 나를 찾아왔다.

"사장님! 왜 회사에서 학비를 내주지 않는 거죠? 다른 회사는 수업료는 기본이고 교과서에서 학용품까지 전부 회사에서 내준답니다. 그 녀석들이 타고 다니는 오토바이까지 사장이 사줬다고 자랑한다구요. 사장님은 입버릇처럼 공부해라, 공부해라, 그러시면서 어떻게 이럴 수 있습니까? 대답해주세요."

윽박지르는 서슬이 시퍼렇다. 특히 3학년들의 불만이 크다. 1~2년은 일이 익숙하지 않아 회사 눈치를 보느라 꾹 참았지만, 입사 3년차가 되면 회사도 익숙하고, 세상 돌아가는 것도 알게 되었다 싶어 더 이상 못 참고 대드는 것이다.

그때마다 나의 대답은 한결같다.

"안 돼! 자네들, 누구 때문에 공부하고 있는 거야? 회사를 위해 공부한다면 원하는 대로 내줄게. 하지만 나는 자네들에게 회사를 위해 공부해달라고 부탁한 적은 없어. 남을 위해 공부하는 직원은 메이난에 필요 없어. 자네들은 자네들을 위해 공부하는 거야. 그러니 공부하는 데 들어가는 돈은 각자 부담해야 되는 거라구. 회사가 부담해야 할 이유도 없고, 또 회사라는 집단이 특정 개인을 지원하는 것도 잘못된 일이야. 무슨 말인지 알겠어? 알았으면 빨리 가서 일이나 해."

"그래도 그렇죠."

"뭐가 그래도야?"

"맞는 말씀이기는 한데 다른 회사 녀석들은 모두……."

"그 녀석들 얘기가 아니잖아. 자네들 얘기라구."

그들은 입을 비죽거리며 무서운 표정으로 나를 노려보다가 탕, 하고 문을 닫고 나간다. 매년 반복되는 일과다.

그러던 어느 날, 나고야 남부에서 중소기업을 운영하는 사장님이 나를 찾아왔다.

"하세가와 사장님, 물을 게 있어서 뵙자고 했습니다. 실은 우리 회사 젊은 친구들이 야간학교에 잘 안 나가요. 젊어서 공부해야 된다고 타일러서 입학시켜놨더니 일 끝나면 파칭코에 마작에……. 소문을 들으니 여기 메이난 제작소 친구들은 학교에도 열심히 다니고 다들 번듯하게 졸업해서 훌륭한 인재가 된다고 들었습니다. 어떻게 해야 우리 회사 직원들도 변할 수 있을까요?"

대충 이런 질문이었다. 나는 그 질문에 대답하지 않고 반대로 질문을 던졌다.

"사장님은 야간학교에 다니는 직원들을 지원하고 계시죠?"

"그럼요, 학교가 회사에서 멀어 얼마 전에는 오토바이까지 사줬습니다. 그런데 이 놈들이 이틀 전에는 말이죠, 자기들을 공부시키고 싶으면 야간학교 수업은 잔업이나 마찬가지니까 수당을 따로 챙겨달라더군요. 아무리 그래도 이건 아니다 싶어 어디서부터 잘못되었나 한참을 고민했습니다. 메이난에서는 야간학교에 다니는 직원에게 얼마나 지원해주고 계신가요?"

이 질문에 내가 뭐라고 대답했는지는 앞서의 대화를 읽었다면 충분히 짐작할 수 있을 것이다. 메이난은 야간학교에 다니는 젊은 직원들에게 연필 한 자루 사주지 않는다는 말을 듣고 그 사장님은 수면 부족에 시달린 것 같은 얼굴로 돌아갔다. 그 후로 어떻게 되었는지는 몰라도 사장님의 처지가 불쌍하고 한심스러웠다. 배우려는 자발적인 노력이 돈으로 해결되리라는 생각부터가 잘못이다. 학교에 다녀본 사람들은 알 것이다. 돈을 벌려고 학교에 간 사람은 없다. 물론 용돈을 올려준다는 말에 점수를 더 받으려고 공부한 적이 있고, 나중에 학교를 졸업해서 좋은 직장을 얻겠다는 생각으로 열심히 학교에 다녔겠지만, 학교 그 자체를 돈과 비교하지는 않았다. 한 시간 수업을 받으면 내가 얼마얼마를 받아야 한다, 라고 생각한 사람은 없을 것이다. 그때를 기억해보자. 그리고 지금의 나를 반성해보자. 돈으로 공부를 살 수 있는가? 없다. 왜 이처럼 단순한 것도 깨닫지 못하게 되었을까? 나를 찾아온 사장님조차 이를 모르고 있었다. 그리고 우리들 대부분이 이를 모르고 있다.

잠재 능력은 우리 모두에게 공평하게 있다

치기 어린 청년과 다 큰 어른인 우리는 다를 수밖에 없다고 속으로 정해버린 탓이다. 그렇게 또 한 가지를 멋대로 정해버린 게 있는데, 어려서는 잠재 능력이 있었지만 성인이 된 지금은 그런 게 어디 있냐는 발상이다. 그러니 이제 와서 공부를 해봐야 소용없다는 논리다. 헌데 그렇지가 않다. 타고난 잠재 능력은 사라지지 않는다.

사람에 따라서 잠재 능력의 수준에 차이가 있다는 생각을 버려야 한다. 사장은 그들보다 자신의 됨됨이가 훌륭하다고 생각했을 것이다. 그렇게 생각하고 있는 한, 사장이 자신의 잘못을 깨닫기란 영원히 불가능하다. 내가 하고 싶은 말은 이것이다. 각자가 지닌 능력의 차이는 중요하지 않다. 지금 보여주고 있는 능력의 차이는 다를지 몰라도 앞으로 발전할 가능성을 갖고 있는 잠재 능력은 모두가 똑같다는 점이다. 이런 대전제에서 출발해야 한다. 이것이야말로 사람의 가치를 파악하는 객관적인 사상이며, 만인이 평등하다는 민주주의의 근간이다.

나는 이렇게 되고 싶다, 현재 이렇게 되고 있다, 라는 생각과 현실의 모습이 다른 경우가 많다. 제대로 성장하고 있다고 생각했는데, 실제로는 반대의 결과가 나오기도 한다.

왜냐. 인간은 어리석기 때문이다. 잘못되었음을 알면서도 무리하게 제대로 된 것처럼 보이려고 하기 때문이다. 거기에서 실수가 비롯되고, 실수는 파멸로 이어진다. 인생이 비극으로 향하는 시작이다. 기나긴 인류의 역사가 무수히 증명하고 있다. 어른이 되어서 돈을 버는 사회인이 되었더라도 우리의 본질은 어린 시절과 다름없음을 인식하지 않으면 안 된다.

예민한 본능은 차별에 반응한다

쉬운 일은 아니다. 나도 모르는 사이 어린 시절의 나와 지금의 나는 다르다고 생각한다. 그래서 사장은 학업을 우습게 여기는 어린 직원들과 사장인 나는 다르다고 생각한다. 그 생각이 청년들을 자극했다. 인간으로서 차별이라는 자극을 받은 청년들은 사장이 잔업수당을 챙겨줘도 사장이 원하는 대로 열심히 공부하지 않았을 것이다. 사장이 아닌 인생의 선배로서 애정을 갖고 공부하라고 충고했을지라도 청년들의 예민한 본능은 그의 마음속에 담긴 차별을 깨닫고 피상적인 애정에 반응하지 않았을 것이다.

돈을 벌고 싶다는 마음은 본능이고 배우고자 하는 마음은 이성이다. 어린 직원들의 본능과 이성을 조화시켜 그들의 능력을 발전시키는 것은 사장과 선배들이 맡아야 될 책임이다. 그 책임을 감당하기에 앞서 돈 때문에 공부가 필요하다는 식의 발상부터 단호히 추방해야 한다. 청년들이 공부를 통해 보다 훌륭한 사람으로 발전하는 모습이 보고 싶다면 어른인 자신의 입장에 비춰 그들을 판단하려는 욕심부터 버려야 된다. 반딧불 하나만 가지고도 책을 읽을 수 있다. 진정 공부를 하고 싶다면 돈은 아무것도 아니다. 요즘의 젊은 사람들은 불쌍하다. 자기 인생에서 무엇이 진짜고 무엇이 가짜인지를 분별하지 못하고 있다. 나쁜 것을 고치기 위해 좋은 것까지 몽땅 없애버렸다. 한마디로 교육 부재의 시기다. 여기서 도망칠 수 있는 사람은 없다. 그림자처럼 어디까지나 쫓아온다. 그 그림자를 악마로 여길 것인가, 아니면 태양광선이 투사하지 못하는 물리적 현상에 불과하다고 여길 것인가는 중대한 갈림길이다. 마음을 비우고 어쩌다가 이렇게 되었는지 경위를 살펴봐야 한다. 벌거숭이가 되어 뒤를 돌아봐야 한다. 그러면 진짜와 가짜가 구별된다. 기나긴 시간이 걸리더라도 올바른 판단력을 길러야 한다. 우리의 청년들이 자기 안에서 판단력을 키울 수 있도록 선배로서 도와줘야 한다. 그것이 우리의 궁극적인 의무다.

철은 뜨거워졌을 때 두드린다

올바른 판단력으로 마작, 파칭코, 볼링을 단순한 오락으로 규정할 수도 있지만, 그것이 생활에 필요하다고, 좋은 영향력을 끼친다고 생각되지는 않는다. 꿈을 갖고 자신의 미래를 어떻게 만들어나갈지를 마작판에서 고민할 수는 없기 때문이다. 오락에서 인생의 진짜 가치를 찾아낼 수는 없다. 그것을 모르기 때문에 값싼 본능을 채우고자 도박에 몰두하는 것이다.

기업에 학생 직원들의 교육을 지원해야 될 의무가 있냐고 묻는다면 나는 없다고 대답하겠다. 교육의 기본은 가정이고, 그 다음이 의무교육, 나아가서는 고등교육이다. 학문은 학교에서 이뤄져야 한다.

그러나 슬프게도 교육의 기본이 현대사회에서는 제대로 진행되고 있지 않다. 그렇다면 정신적으로 미성숙한 소년들을 누가 맡아야 하는가. 결국 기업이다. 청년에게 기업은 최종 사회다. 성장해서 와야 되는 곳이다. 그러므로 그들을 가르쳐야 될 책임은 없다.

하지만 부모가 도망치고, 다음으로 선생이 도망치고, 마지막으로 국가가 도망친다. 인간에 대한 가치판단이 뒤틀려진 청소년들이 기업에 취직하고 있는 것이 현실이다. 부모와 선생이 도망쳤다고 해서 기업의 경영자까지 도망쳐야 하는가. 나는 그럴 수 없다. 오늘을 바라봤을 때 기업인이야말로 책임을 져야 한다. 왜냐하면 청년들이 가장 크게 성장하는 시기에 우리를 찾아왔기 때문이다. 우리에게 한 인간을 성장시킬 수 있는 절호의 기회가 돌아왔기 때문이다. 철은 뜨거워졌을 때 두드려야 한다.

지원해주지 않는 것이 최고의 선물

우리의 어린 동료들은 그 후 3년간 야간고등학교에서 공부했고, 드디어 졸업식을 맞이했다. 우리는 해마다 그들의 노고를 치하하기 위해 졸업식에 맞춰 정장을 한 벌씩 선물하고 있다.

"3년간 수고했어. 축하하는 뜻에서 정장을 한 벌씩 선물하겠네."

다들 졸업식에 정장을 선물 받는다는 것을 들어서 알고 있다. 놀라거나 기뻐하는 표정이 아니다. 이어서 이렇게 말을 꺼낸다.

"사장으로서 따로 준비한 선물이 있는데 받아주겠나?"

갑자기 모두가 조용해진다. 정장 말고 선물이 또 있다니 뭘까? 시계일까? 설마 다이아몬드 반지? 잔뜩 기대한 얼굴로 나를 쳐다본다.

들뜬 분위기가 가라앉기를 기다렸다가 천천히 말을 꺼낸다.

"여러분에게 묻겠네. 자네들은 지난 시간 열심히 공부했어. 그럼 누가 3년간의 수업료를 내주었지?"

"당연히 각자 냈지요."

"그런가? 교과서는 누가 샀지?"

"그것도 우리 돈으로 샀지요."

"그런가? 연필이나 공책은 누가 사줬지?"

"당연히 우리가 샀지요."

"좋아, 그렇군. 자네들은 자네들 힘만으로 고등학교를 졸업했구면."

"그럼요."

"자네들은 아직 어려. 그런데 누구의 도움 없이 자네들이 번 돈으로 인생에서 가장 위대한 사업 하나를 이룩했어. 누구도 자네들이 스스로 학교를 마쳤다는 걸 부정하지 못해. 나도, 자네들도, 학교 선생들도, 회사의 다른 동료들도 인정할 수밖에 없어.

그리고 누구보다 이번 졸업식을 가장 기뻐하는 사람은 자네들 자신이라는 거야. 내가 준비한 선물은 이것이네. 눈에 보이지는 않지만 자네들 몸에서 평생토록 떨어지지 않는 선물이야. 돈 주고도 살 수 없는 선물이야. 좀 더 나이를 먹게 되면 자네들 힘으로 완성시킨 이번 사업이 얼마나 무서운지, 그 효과가 얼마나 대단한지 놀라게 될 때가 올 거야. 나한테 고맙다는 말은 그때 가서 하도록 해."

다들 말이 없다. 불과 1년 전에 사무실 문을 발길로 걸어차며 들어왔던 이들과 동일인이라고는 생각되지 않을 만큼 성장해 있다. 나는 마지막으로 약속했다.

"만일 학비를 사비로 부담한 데에 불만이 있는 사람이 있다면 경리부에 말해뒀으니 3년치 학비를 가져가게. 필요하면 지금 당장이라도 내줄 수 있어. 대신 회사가 돈을 내준 이상 배움이라는 자네들의 영혼은 회사의 것이 되는 거야. 회사한테 돈을 받아가지 않는다면 그 영혼은 죽을 때까지 자네들 소유가 되는 것이고. 자네들은 이미 중학교를 졸업하고 입사했을 때와는 완전히 다른 인간이 되었네. 이제 스스로 판단해도 돼. 메이난은 작아. 자네들 학력과 경력이라면 이렇게 작은 메이난에 있지 않아도 돼. 더 넓은 곳에 가서 새로운 환경에 도전할 자격이 충분해."

지난 수십 년간 야간고등학교를 졸업한 직원이 경리부에 학비를 받으러 온 적은 없다.

배움의 본질을 깨닫고, 그것을 자신의 것으로 만든 청년들은 메이난 사회의 일원이 되어 보다 높은 꿈을 향해 정진해나가고 있다. 그들의 눈동자는 어른이 되어서도 생기가 넘치고 깨끗하다. 밝고 아름답다.

"사장님!"하고 용감하게 사무실 문을 걷어찼던 청년들이 이제는 과거에 내가 하던 역할을 자기들이 맡아 처리하고 있다.

물리 하나만 철저히 가르친다

인간도 자연의 일부라는 것을 안다

　야간공업고등학교를 졸업한 직원들은 이에 만족하지 않고 다시 야간대학에 진학한다. 그것만으로도 부족해 하세가와 사장은 전 직원에게 사내 교육을 실시하고 있다. 사장의 꿈은 종합적인 능력을 갖춘 인재, 스스로 설비하고 제작하는 엔지니어의 육성이기 때문이다. 그래서 어떤 식으로 사내 교육을 실시해야 될지 고민이 많았다.

　결론은 물리였다. 하세가와 사장은 사내 교육 과제로 물리 한 과목만을 택했다. 이유는 간단하다. 메이난 제작소는 기계를 만든다. 기계는 역학으로 구조가 결정된다. 기계를 설비하기 위해서는 자연과학의 기본이라고 할 수 있는 물리에 밝아야 한다. 물리를 배워야 하는 것이다. 그러나 물리학을 택한 이유가 메이난 제작소의 업종적 특수성에만 국한된 것은 아니다.

　자연과학의 아버지라 불리는 프랜시스 베이컨은 "자연법칙에 따라야만 자연을 개인에게 복종시킬 수 있다"고 천명했다. 미국의 철학자 에머슨도 "물리학 원리는 심리학 원리와 동일하다"라는 말을 남겼다. 그는 또 "물리학만 공부하면 다른 교육은 필요 없다"라고까지 말했다.

사물의 본질을 똑바로 바라보는 물리학적 훈련은 기계에 대한 이해와 설계에 필요할 뿐만 아니라 삶의 모든 부분과도 통하고 있음을 하세가와 사장은 직감했다. 물리학 중에서도 기본인 뉴턴역학(동력학)의 세 가지 법칙을 철저히 이해하는 데 목표를 두었다. 전 직원이 이 법칙을 자기 것으로 만들 것. 그것이 메이난 제작소의 원리가 되었다.

나는 문과 출신이다. 학창 시절에는 아무리 노력해도 물리와 친해지지 못했다. 문과 출신은 물리나 수학 같은 자연과학이 인간의 개성을 무시한다고 생각하는 경향이 있다. 법칙적인 결론을 추종하는 데에 일종의 혐오감마저 품는다. 일개 인문계 출신자에 국한되지 않고 일본이라는 나라는 예부터 물리와의 연결점이 거의 없었다. 그 때문에 다루기 어렵게 느껴진다. 역사, 문학, 사회에 관한 관심이 높아서 인간의 사고가 필요할 때 과거로부터 뭔가를 배우려는 시도가 늘어난다. 눈앞의 현실을 실증적으로 파악하려는 자세가 나오지 않는다.

이와는 반대되는 지점에 독일인이 있다. 독일인은 암기에 약한 대신 물리적으로 사물을 생각하는 습관이 있다. 독일이 과학 분야에서 독보적인 위치를 차지한 것은 이 때문이 아닐까 하는 생각이다. 스노우C. P. Snow 같은 문명 비평가는 머잖아 문과와 이과의 두 문화가 충돌하여 서로 말도 통하지 않는 세상이 도래할 것이라고 경고했는데, 현대 일본 사회야말로 그 모습의 전형 같았다.

문과적인 일본 문화는 경영에도 영향을 미쳤다. 직감에 가까운 암기적 계산으로 사물을 파악하려는 일본식 경영전략은 현실이라는 장벽에 막힐 때가 많았다. 하세가와 사장은 종래의 직감적 경영에서 벗어나 체험 세계를 기반으로 하는 이론적 경영을 시도했다. 쉽지 않은 도전이었으나, 길은 그것뿐이었다. 사장 홀로 필두에 서는 것이 아니라 신입부터 사장까지 전 직원이 같은 이론으로 정신을 개조하고 무장해서 함께 나아가기를 원했던 것이다.

'인간은 자연의 일부다. 따라서 인간도 자연의 법칙을 따라야 한다'라는 러셀의 말을 떠올리며 메이난을 살펴보기로 한다.

물리를 모르는 나 같은 사람이 물리법칙을 경영에 도입하고, 현실화시킨 회사를 소개한다는 것이 어불성설처럼 느껴지지만, 이 책을 접하게 될 상당수 독자들 또한 물리를 싫어하는 일반인임을 알기에 오히려 잘 된 일이라고 여겨지기도 한다. 그래서 자신감을 갖고 도전하게 되었다.

메이난 제작소는 회사의 명운을 걸고 물리 학습을 시작했다. 그 전에 기초부터 다져야 했다. 이른바 '핵 만들기'다.

사장의 막내 동생인 노부히코는 메이난에서 형을 도와 주경야

독으로 나고야 공대를 졸업했다. 노부히코를 중심으로 사장이 포함된 물리학습회가 문을 열었고, 앞서 이름이 등장했던 하토리 유키오, 히사유키 유키노부 등이 소그룹의 리더가 되어 학습회를 발전시켜나갔다. 다들 일이 끝난 후 물리 공부에 열중했다.

'핵'으로 불린 리더 그룹이 물리학을 공부하는 동안 옆방에서는 마작판이 벌어졌다. 퇴근 후 물리를 공부하는 괴짜 집단이라면서 동료들에게 무시당하기 일쑤였다.

이 그룹은 훗날 '뉴턴 동호회'의 전신이 된다. 오늘날에는 '메이난 물리연구회'로 불리고 있다. 이 모임의 철학은 'F=ma'. 자연과학이라는 커다란 테두리에서 물리학을 파악하고 이를 철학과 연결시켜 경영 및 기술 개발, 나아가서는 개인의 삶을 변화시키고 진보시킨다. 그리하여 자연과학은 곧 철학이라는 독특한 방정식을 확립하는 것이 그룹의 목적이었다.

패닉에 빠진 직원들, "사장이 드디어 미쳤다"

물리연구회의 멤버가 조금씩 늘어나자 하세가와 사장은 10주년을 기점으로 중대 결심을 실천에 옮긴다. 전 직원이 물리학습회에 의무적으로 참석하도록 결정한 것이다.

단순한 참석이 아니라 물리학습회를 회사에서 가장 중요한 일로 규정지었다. 일주일의 시작인 월요일 아침 오전 여덟 시부터 열두 시까지 무려 네 시간 동안 전 직원이 모든 일을 중단하고 식당에 모여 물리를 공부한다는 전대미문의 사건을 터뜨린 것이다. 전화를 받아야 할 접수계 여직원 한 명을 빼놓고는 월요일 아침에 전 직원이 물리학을 공부해야 한다는 사장의 엄포에 직원들은 충격을 받았다. 거래처 사이에서는 하세가와 사장이 미쳤다는 소문이 돌기 시작했다.

학벌이 좋은 대기업 사원들이라면 모를까 메이난 제작소의 직원 대다수는 머리보다는 몸을 쓰는 게 좋아서 취직한 사람들이

76

었다. 공부를 극도로 혐오하는 직원들을 강제로 공부시키겠다는 사장의 발상에 어안이 벙벙해졌다.

"이제 와서 굳이 물리를 공부하지 않더라도 10년간 현장에서 갈고닦은 솜씨는 누구에게도 지지 않습니다. 문제없이 기계를 생산해내고 있는데 뜬금없이 공부가 웬 말입니까?"

여기저기서 불만이 터져나왔다. 특히 창업 멤버인 후쿠이 쓰요시 등의 베테랑들이 강하게 반발하며 학습회를 강요할 경우 회사를 그만두겠다는 말까지 나왔다. 이에 하세가와 사장은 강경한 태도를 고수했다.

"학습회를 근무시간에 포함시켜줄 테니 일단 참석해 봐. 분명히 재미있을 거야. 만약 재미없다, 모르겠다는 사람이 있으면 그냥 자도 좋아."

어쩔 수 없이 학습회에 참석한 직원들 중 3분의 1이 첫날 수업에 꾸벅꾸벅 졸았다. 하세가와 사장마저도 전문적인 이론 앞에서는 참지 못하고 하품을 늘어놓았다.

처음 수업은 별도의 텍스트 없이 사장이 그간에 쌓은 경험과 지식을 전달하는 수준이었다. 그러다가 도모나가 신이치로 박사(노벨상 수상자)의 『최신 물리학 독본』이 텍스트로 선정되었다. 특별한 수식이 없는 책으로 물리 알레르기에 걸린 직원들을 위한 워밍업 단계로서 적절하다고 판단되었기 때문이다.

첫 번째 텍스트를 대략 이해하게 된 후 다음 단계로 도쿄 대학 교수인 다케우치 히도시 이학박사가 쓴 『알기 쉬운 물리학』이

두 번째 텍스트로 정해졌다. 이 책도 전문 서적과 비교했을 때 설명이 쉬운 편이었다. 세 번째 텍스트는 『신新 물리연구』였다.

메이난 제작소의 명물인 물리학습회는 몇 개의 학습반으로 직원을 나눠 진행된다. 각 그룹은 멤버끼리 상의하여 테마를 정하고, 매주 한 그룹씩 자기들이 공부한 내용을 발표한다. 발표가 끝나면 다른 그룹들의 질문이 쏟아진다. 만약 발표한 그룹이 제대로 대답하지 못할 경우 다른 그룹의 누구든지 자기가 알고 있는 범위 내에서 대답할 수 있다. 물론 이 대답이 마음에 들지 않으면 발표한 그룹을 포함한 모든 인원이 자유롭게 질문을 던져 서로를 궁지에 내몬다. 일종의 그룹학습인 동시에 상호 계발이다.

주제는 주로 메이난의 생산 활동과 직결된 문제들이다. '주철과 강철 중 어느 것이 더 쉽게 휘어지는가?', 'V벨트와 평벨트의 장력張力', '선반에 의한 절삭가열' 같은 일상적인 작업에서 겪게 되는 문제들인데, 대부분 그 해답을 알고 있다. 선배에게 배웠고, 경험을 통해 확인했기 때문이다. 여기에 정확한 물리 이론을 대입해봄으로써 '왜'나 '어째서'라는 새로운 세계를 알게 된다. 아는 데서 그치지 않고 새로운 작업에 적용해볼 수 있는 것이다. 현장에서의 경험은 과거에 그치지만, 물리라는 이론은 미래가 된다.

그렇다고 테마가 항상 업무와 관련이 있어야 된다는 뜻은 아니다. 가끔은 '왜 태풍이 일어나는가'와 같은 주제로 격렬한 토론과 연구가 진행된다. 물리학 책만 읽는 것도 아니다. 다양한 책을 읽고 내용을 서로 나눈다. 다만 물리적 사고가 삼라만상에 직결되어 있다는 핵심에서 벗어나지 않는 게 중요하다. 쉽게 말해 어디로 길을 잡든 산꼭대기에만 제때 갈 수 있으면 그만이라는 사고방식이다.

직원의 절반 이상이
도쿄 대학 물리학과를 뛰어넘는 실력

거래 은행원까지 참가하는 학습회 풍경

물리학습회를 몸소 체험해봐야겠다는 생각이 들어 날을 잡아 나고야로 내려갔다. 내가 찾아갔을 때는 월요일 오전에 공부하는 기초 교육 기간이 끝나 휴일인 토요일 오후에 네 시간씩 공부하는 수업이 진행되고 있었다.

그날의 주제는 '펑크 현상'이었다. '펑크 현상'이란 다듬는 과정에서 베니어판의 가장 뜨겁게 달궈진 부분에서 목재가 머금고 있던 물이 끓어올라 목재의 단면을 파열시키는 현상이다. 왜 이런 펑크 현상이 일어나는지, 또 어떻게 해야 감소시킬 수 있는지를 놓고 연구와 토론이 진행되었다.

칠판에 난생 처음 보는 기호들이 한가득 적혀 있다. 물리학 공식들이다. 그 앞에 젊은 남자 직원이 서 있다. 그의 입에서 난생 처음 듣는 말들이 쏟아지고 있다. 간부로 보이는 사람에게 저 친구 학력이 어떻게 되느냐고 물었다. 중졸이지만 공과대학

함께 모여 물리를 공부하는 메이난 제작소 직원들. 다수의 반발과 우려가 있었지만 물리학습회는 메이난의 문화로 정착했다.

학생도 이론상 상대가 안 될 것이라는 대답이었다. 더 할 말이 없었다.

베니어판을 건조시키는 기계를 '핫 프레스hot press'라고 한다. 건조까지 1분에서 5분이 걸린다. 아주 유용한 기계인 대신 펑크라는 결점을 안고 있다. 이를 원리적으로 해명하는 것이 이번 학습회의 목표였다.

각설탕 크기(1세제곱센티미터)의 물을 끓여서 수증기로 바꾸면 1천 600배로 불어난다. 엄청난 압력이다. 베니어판이 견뎌낼 수 있는 압력이 아니다. 그래서 텐더(탄수차)로 물과 수증기를 뽑아낼 수는 없을까, 라는 의견이 나왔다.

베니어판을 접착하는 과정에서 풀을 과도하게 사용하면 핫 프레스의 열에너지가 소모된다. 풀에 포함된 수분 때문이다. 프레스 사용 시간을 단축하고 칼로리를 줄여야만 펑크의 위험이 감소되므로 풀의 양은 매우 중요하다. 이를 놓고도 물리적 계산이 진행되었다. 무엇보다도 풀 한 방울의 양에 따라 한 달에 300만 엔의 비용을 줄일 수 있다고 한다. 수요자 입장에서는 엄청난 비용 절감이다. 한마디로 소비자를 위한 연구이기도 하다.

잠시 후 실험에 돌입했다. 이론만으로는 불충분하기 때문이다. 작게 자른 베니어판에 풀을 칠해 겹겹이 쌓고 핫 프레스로 옮긴다.

놀랍게도 메이난의 물리학습회에는 직원뿐 아니라 인근 공대생들도 참여하고 있다. 게다가 협력 업체 직원과 거래 은행 직원까지 참여하고 있었다.

주거래 은행인 후지 은행 지점에서 공문을 보내 2개월 동안 이 학습회에 참가하게 해달라고 정식으로 부탁한 적이 있다고 한다. 지점장과 부지점장을 포함한 은행원들이 아침 7시 45분에 공장 앞에 대기 중이었다는 것이다. 하세가와 사장 말로는 직원 대다수가 도쿄 대학 물리학과에서 배우는 과정을 통과한 수준이라고 한다. 소문을 듣고 일류대학 물리학과 학생들이 단체로 견학을 온 적이 있는데, 물리학습회의 수준을 따라가지 못해 충격을 받고 돌아갔다고 한다.

매사추세츠 공대의 교과서로도 부족하다

뉴턴 물리동호회의 결성

전대미문의 전 직원 재교육이 진행될수록 리더의 수준도 높아질 필요가 있었다. 그래서 물리학습회 초기 멤버들을 따로 모아 '뉴턴 물리동호회'를 결성하게 되었다. 이들은 매주 2회(화요일과 수요일) 업무가 끝난 후 모여서 공부한다. 대체로 오후 다섯 시에서 일곱 시까지인데 한번 시작하면 자정을 넘기기 일쑤라고 한다.

뉴턴동호회에 관해서는 멤버의 말을 빌려 소개해본다.

뉴턴동호회에 출석해서 느낀 점

이 동호회에 출석한지 3개월쯤 됩니다. 내가 동호회에서 느낀 점을 간략하게 말해보겠습니다. 뉴턴동호회가 발족된 것은 1년 전이고, 그때는 나도 정식 멤버였으나 얼마 안 되어 그만두었습니다. 지금 그때를 떠올려보면 가장 큰 원인은 열등감입니다. 당시 나는 월요일 아침의 물리학습회와 뉴턴동호회에 모두 참석하고 있었습니다. 항상 공부해야 한다고 스스로를 다독였지만, 숫자가 나오면 겁부터 났습니다. 학력이 짧아 어려운 계산은 못할 것이라고 지레짐작했습니다. 나는 머리가 나쁘다고 스스로 결정해버렸습니다.

그러나 지금은 다릅니다. 과거의 나라면 계산 문제가 칠판에 적혀 있는 것만 봐도 머리가 어지러웠을 겁니다. 남들은 다 푸는 문제를 나만 못 푼다고 창피하게 여겼을 겁니다. 얼마 전에 뉴턴동호회에서 분수 문제가 나왔습니다. 3일 만에 문제를 풀었습니다. 첫날과 둘째 날까지는 분수의 의미조차 이해하지 못했습니다. 창피했지만 나와 비슷한 학력의 A군에게 물어봤습니다. 그 친구의 도움으로 마침내 문제를 풀었을 때 생각했습니다. 저 친구가 하는데 나도 할 수 있겠다. 저 사람들처럼 열심히 문제를 풀고 계산하면 어려운 수학 문제를 나 같은 사람도 풀 수 있겠다는 자신감이 생겼습니다.

―케다 가츠도

서로 자극을 주고받으며 성장한 뉴턴동호회는 드디어 매사추세츠 공과대학의 정식 교과서를 텍스트로 삼게 된다. 이 내용이 주간지에 소개되었다. 내가 메이난 제작소를 찾아가게 된 것도 실은 주간지에 실린 기사 때문이었다.

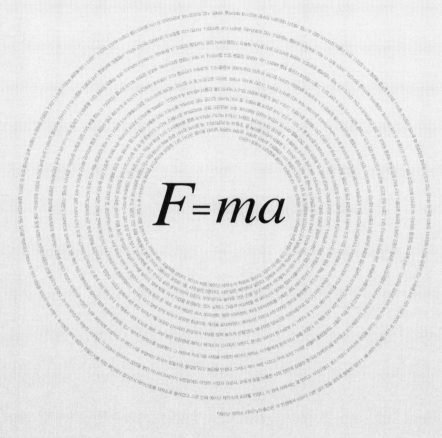

제4장

'F=ma'를 사시社是로 삼기까지

세계 최초로 시도된 웅대한 이상

역학은 철학, 자연의 법칙은 변하지 않는다

뉴턴 물리학의 기본 공식을 사시로 삼다

1970년 8월 1일 하세가와 사장은 '세계 최초'로 뉴턴물리학의 기본인 $F=ma$를 경영의 룰(사시)로 발표하기에 이른다. 이 공식은 회사 건물 정면에 조각되어 있다.

우선 하세가와 사장의 선언을 원문 그대로 옮겨보겠다. 꽤 길겠지만 메이난 제작소를 이해하려면 이 관문을 지나야 하므로 이해해주기를 부탁드린다. 어렵고 재미없다고 생각되면 우선은 그냥 넘어가도 좋다. 나중에 다시 읽어보고 싶은 생각이 들 것이다. 아래의 선언문은 메이난 제작소의 '헌법'에 해당한다. 생략하거나 요약할 수 없었던 점을 양해해주시기 바란다.

"F=ma는 우리의 룰이다"

과학하는 마음

메이난 제작소가 현 사회에 생존하게 된 비결은 F=ma에서 시작되었다. 왜냐하면 사장인 내가 F=ma의 마음을 드러내기 위해 메이난이라는 회사를 창립했기 때문이다. 그런 의지가 없었더라면 우리의 오늘은 없다. 처음에는 이 마음을 드러내기가 매우 곤란했다. 환경이 따라주지 못했다. 그러나 18년의 세월이 흐른 오늘에 이르러서는 모든 것이 가능해졌고, 새삼 큰 감격에 몸이 떨린다.

당연하겠지만 이 순간까지 F=ma의 마음에 저항하고 고민하는 동료들이 꽤 많다. 메이난을 벗어나면 F=ma라는 진리를 받아들이지 못하는 세상 사람들이 얼마나 많은지 모른다. 왜 인간은 물리에 저항하는가.

이는 본론의 핵심이기도 하다. 다행히 요즘 들어 다수의 직원들이 착실하게 F=ma를 실천에 옮기고 있음을 확인했다. 과거의 자신이 떠오르지 않을 만큼 자립된 존재로서 진심으로 협조하고자 하는 의지를 갖고 일하는 모습을 보게 될 때마다 나도 놀라고 본인들 스스로도 놀란다.

우리는 기본적으로 물리학을 순수하게 배우거나 이해해보려는 의지를 가져본 적이 없는 사람들이다. 그런 우리들이 변해간다. 기쁘지 않을 수 없다. F=ma의 이해는 나를 돌아보는 계기이기도 하다. 과거의 내가 꿈꿨던 욕망과 기대, 진실에 반하는 현실이 어떻게 우리를 패배시켰는지 비로소 알게 되었다. F=ma와 함께 하는 시간이 길어질수록 세상에서 일어나는 사건의 기본에 관심을 갖게 되었다. 진실과 공존하는 나를 발견하게 되었다. 그런 나의 모습이 무척이나 자유롭게 여겨졌다.

우리의 사회 본능은 F=ma를 통해 강렬한 자극을 받았다. 주변에서 과거의 나처럼 고뇌하고, 마음의 감옥에 갇혀 발버둥치는 사람들이 보이면 구원해주고 싶은 이타적인 욕망을 품게 되었다. 내가 아닌 우리를 위해 나의 숨결과 정열을 쏟아 붓고자 욕망하게 된 것이다. 이런 사회성이 용감한 실천을 낳고, 연쇄적으로 전파되어 사회를 변화시킨다. 우리는 왜 달라져야 하는가. 질병과 노쇠 외에는 후퇴가 없기 때문이다. 인간의 정신은 절대로 물러설 수 없기 때문이다. 진리에 대한 끝없는 욕구야말로 인간의 본성이기 때문이다.

이해하는 것이 전부다

인간의 생애를 지배하는 강인한 정신력은 F=ma라는 물성관物性觀이다. 이것은 다른 어떤 문화보다도 인간에게 영향을 미친다. 마음의 눈을 열어주는 것이다. 마음의 눈이 떠지면 인간은 쇠락하지 않는다. 마음은 언제까지나 청춘이다. 아름다운 빛과 크나큰 희망을 쉼 없이 품게 된다.

이해하지 않고서는 믿지 못한다. 이것이야말로 대자연의 법칙

F=ma의 정신이다.

종교는 믿음으로써 이해되고, 그렇게 구원받는다고 말한다. F=ma에서는 정반대다. 이해라는 행위가 먼저, 믿는다는 정신은 나중에. 이 순위가 F=ma의 숙명적인 과정이며, '과학하는 마음'의 본질이다. 처음부터 믿음이 생길 수는 없다. 모든 것은 이해를 통해, 이해를 위해. 이것이 메이난의 진리다.

작은 나를 버리고 보다 큰 나로서 살아가기 위해서는 객관적인 시야와 상대의 입장으로 나를 옮겨놓는 부처와 같은 자비심이 필요하다. 그 가능성이 '과학하는 마음'이라고 단언한다.

자기 자신을 신뢰하기 전에 나라는 인간의 본질을 해명하는 것이 먼저다. 의리와 인정을 앞세우는 과거의 감성은 인간을 이해한 데서 생겨난 것이 아니다. 그저 우리가 지난 수천 년 동안 선조로부터 강요받은 유교적 교육의 감화 때문이다. 10년, 혹은 20년의 새로운 변혁으로 우리가 바뀔 수는 없다.

인간 해명의 정신은 F=ma에 있다. 그러나 이 공식에 '배신당했다'라는 불만이 터지는 것 또한 사실이다. 이런 불만은 '넌센스'다. 일종의 소동에 불과하다.

배신당했다는 말은 그를 믿었다는 전제조건을 필요로 한다. 믿어야만 배신당할 수 있다. 믿지 않고서는 배신당할 수 없다. 어린 아이도 아는 이야기다. 과연 우리는 F=ma를 진심으로 믿었는가.

이 믿음을 얻기까지 적잖은 괴로움이 기다리고 있다. 자기 안에서 파생되는 저항을 극복하고 여러 차례 시도해야만 영혼은 F=ma에 조금씩 물들어간다. 이것은 엄청난 행운이다. 그 행운을 얻게 된다면 세상에서 일어나고 있는 다양한 사건들, 우리를 불안하게 만드는 그림자들로부터 마음을 지킬 수 있다. 인생의 목적과 대책이 분명하게 인식된다. 인식을 바탕으로 살아나가기 위한 새로운 힘에 눈을 뜬다. 이것은 감동이다. 비할 바 없는 감동이다. 기존의 나를 벗어던지는 체험이다. 옛 사람들의 유언처럼 세상과 내가 평등해지는 것이다.

더 이상의 종속은 없다.

F=ma 속에서 성장하는 활안活眼

눈을 뜨고 메이난의 변해가는 모습을 확인해보자. 다른 회사들과 우리는 어디가 어떻게, 무엇이 다른가? 왜 달라졌는가? 다른 회사에도 능력 있는 인재들이 얼마든지 많다. 저마다의 특징과 장기가 있음을 의심하지 않는다. 그들과 메이난은 어디가 다른가? 왜 다른가? 바로 '활안'이다. 미리 말해두겠는데 '활안'이란 텔레비전을 멍청히 쳐다보는 보이는 눈동자, 즉 동물의 눈동자가 아니다. 메이난의 심장에서 박동하고 있는 ma, 저 어마어마한 에너지의 총력을 간파하는 보이지 않는 눈이다. 보다 높은 차원의 인격체가 아니고서는 이런 눈으로 메이난의 정체를 파악할 수 없다.

자만하자는 것이 아니다. 오해해서는 안 된다. 자만심과는 이질적인 '시야'를 말하는 것이다. 고도의 시간에서 율동하는 사상事象을 말하려는 것이다.

여전히 $F=ma$에 의심을 품고 있는 사원들에게 말하고 싶은 것은 무슨 일이라도 좋다. 나이가 어려도 상관없다. ma를 이해하고 있는 동료에게 맡겨보자. 어쩌면 더 많은 시간을 낭비할지도 모르지만, 당신보다 더 뛰어난 고도의 발상으로 그 일을 진지하게 해낼 것이다.

그는 메이난에서 자기가 맡은 한 가지 일이 아니라 모든 일을 해낸다. 단순히 해내는 것이 아니라 훌륭하게 완수한다. 당신으로서는 분하기 짝이 없겠지만, 받아들여야 하는 현실이다. 현실인 이상 당신은 참아야 한다. 적어도 메이난에서 일하는 동안에는 말이다.

안타깝게도 어쩔 수 없는 일이다. 왜냐하면 변화는 당신의 뇌 속에서 일어나야 하기 때문이다. 타인인 우리가 당신에게 해줄 수 있는 일은 당신이 혐오하는 $F=ma$를 당신이 보는 앞에서 지금까지와 마찬가지로 되풀이하는 것뿐이다. 당신이 소동을 피울지라도 우리는 마음의 선배로서 진실을 실천할 수밖에 없다. 그것이 우리의 친절이다. 그리고 당신을 위한 노력이다. 우리 또한 예전에 당신과 같은 고통을 겪어봤기 때문이다.

$F=\mu p$라고 적힌 액자를 보았을 것이다. $F=\mu p$라는 마찰력의 실험법칙이 자신이 담당한 업무에 조금이라도 도움 되었을 때 문득 새로운 기분이 마음속에서 작게 요동치는 것을 느끼게 된다. 사

장인 나는 단 한 번도 $F = \mu p$를 이해하라고 강요한 기억이 없다. $F = ma$에 대해서만 말해왔다. $F = ma$가 시간의 함수이기 때문이다. 물리학에서 말하는 동력학이다. $F = \mu p$는 정력학靜力學이며, 시간과는 관련이 없다.

동력학은 육안이 관여할 수 없는 4차원의 세계다. 시간, 힘, 에너지의 개념이 뒤얽힌 가장 높은 차원의 현상을 다루는 것으로 배움이 쉽지 않고 귀찮은 골칫거리다. 하지만 그것을 이해하게 되었을 때 겪어보지 못한 순수한 기쁨을 맛볼 수 있다.

그 기쁨이 생활 전반에 보편적으로 스며드는 것은 보너스다. 뜻하지 않은 보너스에 감격한 생명은 이 땅에서 지속되는 마지막 날까지 핵반응을 반복한다. 바로 우리의 지성 한 가운데서. 소멸할 수 없는 불가사의한 마음의 힘을 갖게 되는 것이다.

그래서 나는 다음과 같이 선언한다.

$F = ma$는 당신의 모든 고민을 해결해주는 하나뿐인 열쇠다. 현상을 감추기에 급급한 해결이 아니다. 최고의 성과를 올릴 수 있는 비결이다.

우리에게 필요한 것은 '사상'도 아니고, '종교'는 더더욱 아니다. 그저 '자연과학'일 뿐이다. 나는 절대로 $F = ma$를 믿으라고 강요하지 않는다. 인간의 마음이 자연에 용해되어 가는 것도 대자연의 섭리이며, $F = ma$를 믿지 못하겠는 것도 대자연의 섭리다.

필요한 것은 대자연이 제시한 진리 앞에 당신이 당신의 두 발로 걸어가려는 의지다.

F=ma의 이해를 방해하는 것

책 속의 인물들을 포함해 1만 명이 넘는 사람들을 위에서 설명한 취지로 20여 년간 주의 깊게 관찰했다. 그리고 자연과학의 참된 이해자 중에서 누구도 내가 설명한 천리에 반대하는 것을 보지 못했다.

다수의 이론자異論者들은 유치한 지도적 논리로 그들이 예감한 진실의 등장에 대응한다. 그들 대부분은 사람의 안색을 살피는 게 전문인 비과학적 기회주의 아니면 독단적인 종교자, 또는 기억력을 밑천으로 한 학자들이었다.

그렇다면 F=ma가 대중으로부터 멀어진 원인은 무엇일까?

F=ma가 난해한 괴물로 비춰졌기 때문이다. 과연 F=ma는 우리를 괴롭히는 괴물인가. 메이난을 대상으로 생각해보자.

우리가 상식적으로 마주치는 F=ma는 진짜 F=ma가 아니다.. '속임수 F=ma'다. 우리가 속아왔던 것이다.

계산력과 이해력은 상반되는 개념임을 명심해야 한다. 둘은 동일할 수 없다. F=ma를 계산에 대입하는 공식으로 이해하는 자들이 대부분이다. 메이난도 마찬가지다. F=ma를 이해했다고 자신하는 사람도 스스로를 돌아보기 바란다. 진정으로 이해한 것이 아니라 단순한 계산에 만족해왔음을 알게 될 것이다. F=ma를 계산이 아닌 이해한다는 것이 얼마나 어려운 일인지는 내가 가장 잘 알고 있다. 어쩌면 나도 '속임수 ma'에 걸려 있는지 모른다. 그렇지 않더라도 '속임수 ma'에 관한 고통스런 기억이 있을 것이다. O가 아니면 X라는 수업을 받으며 고등학교와 대학을 졸업한 젊은 친구들에게 '속임수 ma'는 피할 수 없는 함정이다. 계산이라면 질색을 하는 학력이 짧은 친구들도 이 '속임수 ma'에 쉽게 현혹된다. 그들은 대학에서 기억력을 확인했을 뿐인 고학력 노동자들이 보여주는 OX 문제풀이 앞에서 풀이 죽는다. 자신이 생각하는 ma가 아니라 그들이 보여주는 계산된 ma를 동경하게 된다. 이것이 F=ma가 우리들 곁에서 멀어지는 첫 번째 단계다. 이어서 인생은 계산이 전부는 아니다, 라는 오기가 발동한다. 어딘지 모르게 석연치 않다는 생각으로 잘난 척하는 OX군을 관찰한다. 그러는 동안에 계산력과 지식이 일하는 데 별로 쓸모가 있지 않다는 것을 조금은 간파하게 된다. 자존심에 난 상처를 만회할 욕심에 대학을 나온 OX 녀석들은 대체 뭘 하는 거냐, 라면서 역습을 감행한다. 계산력 앞에서 기가 죽는 모습과 OX에 대한 반발이 시계추 운동으로 반복된다. 이것이 2단계다.

여전히 ma의 본질은 간파되지 못한 채 '속임수 ma'를 자랑하는 OX파와 '속임수 ma'를 진짜 ma로 착각한 버팀파의 대립이 심화된다. 어설프게 ma를 알고 있는 자들은 거짓을 확인할 수 있는 기회를 놓치고, 속임수 ma 앞에서 기가 죽은 버팀파들은 '내 인생은 ma 없이도 여태껏 잘 굴러왔다, 조금 배웠다고 잘난 척해대는 너희들 지시는 받지 않는다'라고 반발한다. 누군가를 향한 반발이 나에 대한 어긋난 집착에 불을 지른다. 자신을 과신하게 되는 것이다. 태양이 서쪽에서 떠오를 수 없는 것처럼 현재 상태가 불변의 진리가 된다. 옳고 그름은 이미 관심 밖이다.

이상의 3단계를 요약하자면 OX파와 버팀파라는 양쪽 진영 모두 'ma는 무조건 결사 반대!'라는 합의에 도달하는 것이다. 여기에서 심리적 동맥경화증이 병발, 증세가 악화된다. 덧붙여서 OX파와 버팀파의 처절한 심리적 내분이 전개된다. 세상의 정치적 분쟁과 이합집산의 독선이 메이난의 내부에서 싹트는 것이다.

겸손하게 배움을 갈구하는 사람이라면 누구든지 F=ma를 이해할 수 있다. 그런데 경험을 과신한 탓에 쉬운 문제가 점점 더 복잡해진다. 먹어본 적도 없으면서 무턱대고 맛이 없다고 한다. 가짜를 먹어본 주제에 먹은 것처럼 자랑한다. 그들의 싸움에 F=ma가 휘말려든 형국이다.

F=ma가 메이난으로부터, 나아가서는 대중으로부터 멀어진 하나의 원인이 바로 이와 같은 과정을 통해 완성되었다.

서둘러서 좋을 것은 없다. 시간을 들여 진실과 마주하는 것이 지금 당장 가짜로 만족하는 것보다 나음은 말할 필요가 없다.

변하지 않는 것은 자연의 법칙뿐

이것은 비단 메이난만의 문제가 아니다. 다들 알고 있을 것이다. 이 나라에서 70년대 이후 여전히 해결하지 못한 미제라는 것을. 지금의 교육과정에서는 뉴턴의 법칙이 고작해야 1페이지 분량밖에 되지 않지만, 언젠가는 의무교육 과정에서 1년은 뉴턴의 법칙을 가르치는 날이 올 것이라고 예언해둔다.

왜냐하면 메이난뿐 아니라 우리 모두가 이와 비슷한 싸움에 소용돌이치듯 휘말려들고 있기 때문이다. 지난 18년간 메이난은 앞서 말한 두 파벌의 치열한 싸움터였고, 그런 시간을 통해 우리는 많은 것을 느끼게 되었다.

당신은 지금 무엇을 믿고 살아가는가. 가슴에 손을 얹고 생각해 보자. 돈인가, 물건인가, 부모인가, 친구인가, 연인인가, 선배인가, 사장인가, 회사인가, 가정인가, 국가인가, 자기 자신인가? 가령 당신이 지금 이들 중 무엇인가를 믿고 살아간다고 해 보자. 그렇다면 질문한다. 그것은 변화하는가, 아니면 영원불변인가. 이것은 내 인생에서 절대로 변하지 않는다, 라고 확신했던 것도 잠시, 그것을 의지하며 살아가다 보면 어느 순간에 이르러서는 달라졌음을 깨닫는다. 그래서 다른 무엇인가를 찾게 되고, 시간이 지나면 그것 또한 달라진다.

우리는 그것들이 변하리라는 것을 알고 있었다. 처음부터 알고 있었다. 하지만 변하지 않을 것이라고 믿었다. 알면서도 억지로 믿은 것이다. 불쌍한 선택과 실망이다. "언제까지나 변하지 않는 것은 자연의 법칙뿐"임을 몰랐기 때문이다.

다시 한 번 F=ma를 눈으로 읽어보자. 뉴턴이 발견한 이 위대한 역학의 법칙은 전 세계 모든 인종들이 공통으로 배우고 있다. 종교가 다르고 언어가 다르고 피부색이 달라도 F=ma라는 진리의 공식에 대해서만큼은 차별과 차이를 두지 않고 있다.

그러하기에 F=ma는 메이난이 가야 할 길이다. 이것은 공부가 아니다. 새로운 것을 배우는 게 아니다. 우리는 모두 F=ma를 배운 적이 있다. 느낀 적이 있다. 단지 한 번 더 복습해볼 뿐이다. 우리는 이것을 종교로 삼겠다는 것이 아니다.

F=ma는 민주 사회의 규율이며, 민주 사회의 일원인 메이난은 반드시 이 법칙을 따라야 한다.

다시 한 번 말하지만 F=ma는 종교가 아니다.

해 보면 알 수 있다. 당연한 것을 하려는 것이다.

진리에 반하는 메이난은 자연의 규칙에 어긋난 결과로서 반드시 해체된다. 메이난이라는 생물의 성장과 존속을 위해 우리는 자연이 정한 룰을 따라갈 수밖에 없다. 말단 신입부터 최고경영자인 사장에 이르기까지 유일하게 할 수 있는 일은 법칙을 따라 살아가는 것뿐이다. 그것이 메이난의 진실이다.

F=ma는 신의 섭리다.

노력에 시간을 더하는 성장 에너지

메이난식 해석에 의한 뉴턴의 세 가지 법칙

메이난 제작소는 뉴턴의 세 가지 법칙을 그들 나름대로 해석해놓았다. 이 또한 원문 그대로 옮겨본다. 제3자가 곡해하기보다는 독자들에게 있는 그대로를 보여주는 편이 좋겠다고 생각하기 때문이다.

역학은 철학이다(메이난의 법칙)

제1법칙(관성의 법칙)

관성이란 인간의 보수성이다.

행동하는 사고思考는 움직임을 쉬지 않고

정지된 사고는 언제까지나 정지되어 있기를 원한다.

습관과 상식이 정지된 사고다. 퇴근해서 집에 돌아갈 생각을 하며 출근하는 것.

새로운 일이 귀찮아서 기존의 업무를 확대시키는 것으로 성장을
대체할 수 있다고 믿는 것.

안주는 인간을 퇴보시킨다.

고속도로 한 가운데 고장 난 자동차가 되어 서 있는 것처럼
동료의 성장에 그런 내가 방해물이 된다.

그래도 자신은 뭐가 잘못인지 모른다.

어느 날이 되어서야 후배를 방해하고 있는 스스로를 발견하게 되
었을 때는 늦었다.

후배들도 이미 나를 따라 안주하고 있다. 성장은 끝났다.

제2법칙(F=ma의 법칙)

노력하면 반드시 성장한다.

힘을 더하면 반드시 가속도가 일어난다.

지속적인 노력이 중요하다. 노력에 시간이 더해지면
그만의 에너지가 된다.

스스로 만들어낸 스피드이므로 누군가 밀어준 힘으로 달려가는
사람은 그를 따라가지 못한다.

타인의 힘에 기대는 자는 '자기 내부에서 발생한 힘이 없어' 금방
지친다.

타인의 도움, 즉 외부에서 발생한 가속도는 지속성이 없다.

태어나서 지금까지 자기 스스로 힘을 내서 달려본 경험이 없으므

로 우리는 이 법칙을 인정하지 못한다.

제3법칙(작용반작용의 법칙)

타인이란 반작용을 말한다.

작용이 있는 곳에 반작용이 있고

작용의 크기와 반작용의 크기는 비례한다.

불리할 때 타인을 쫓아내면 그는 다시 돌아온다.

마찬가지로 타인을 지원하면 그는 나에게 똑같이 반응한다

반작용은 몸으로 느낄 수 없다는 불편한 성질이 있다.

'느끼지 못하므로 없다'고 생각하는 것이 보통이지만 그렇게 생각하는 것은 잘못이다.

느끼지 못하므로 없다고 생각하는 사람들은 무슨 일에서든지 제대로 완수하지 못한다.

힘은 이쪽에서 힘을 쓰면 그에 대한 반응이 나타나 알기 쉽지만 인간관계는 시간의 엇갈림과 함께 언제 반응이 나타날지 예상하기 힘들어서 인정할 수 없는 법칙이 된다

세 가지 법칙을 살펴봤지만 여간해서는 이해가 힘들다. 메이난 제작소 사람들도 $F=ma$ 때문에 이만저만 고생한 게 아니라고 한다.

처음에는 물리만 공부하면 일하지 않아도 좋다, 물리 공부를

열심히 하는 직원에겐 보너스를 주겠다는 식으로 다양한 캠페인을 벌였다. 아무리 기계를 잘 다뤄도 물리를 모르고는 장인이 될 수 없다고 폄훼하는가 하면 대학을 졸업한 신입 사원에게는 학교에서 암기 연습밖에 더했느냐며 콧대를 꺾어놓았다.

그런 한편으로 물리는 단순한 공식이나 계산이 아니라는 것을 강조했다. 메이난이 물리를 공부하는 진짜 이유는 인간성의 발전을 위해서라고 못을 박아놓은 것이다. 자연법칙이라는 보편적 진리를 함께 배워나가는 과정은 그 자체로 마음의 훈련이 되었다. 회사라는 속박에서 개인이 자유를 찾아내는 수단이자, 공동의 일터에서 스스로 평등을 만들어내는 힘이며, 나와 같은 의식을 가진 동료에게서 순수한 우정을 깨닫게 되는 성장의 동력이라고 모두의 의식을 감화시킨 것이다. 실제로 메이난의 물리 학습회에서는 선배도, 상사도 없었다. 모두가 발전을 지향하는 순수한 인간 그 자체였다.

같은 것을 공부하고, 같은 말을 하게 되면서 새로운 기계, 새로운 업무에 모두가 함께 임한다. 집중력이 생성되는 것은 필연이다. 메이난은 더 이상 사원들에게 단순한 직장, 돈을 벌기 위한 노동의 공간이 아니었다. 세상을 이끌어나가는 바른 진리를 실천하고 있는 창조의 공간이자 삶의 보람이 느껴지는 유일한 사회가 되었다.

뉴턴의 운동 법칙

1687년 아이작 뉴턴은 지구와 우주 모든 물체의 운동에 대한 세 가지 법칙을 발표한다. 그의 저서 『프린키피아』를 통해 알려진 이 세 가지 법칙은 '뉴턴의 운동 법칙'이라 불리고 있다.

운동 제1법칙(관성의 법칙)

외부로부터 힘이 작용하지 않는 한, 모든 물체는 현재의 운동 상태를 계속 유지하려 한다는 법칙이다. 다시 말해 정지해 있는 물체는 계속 정지해 있으려 하고, 움직이는 물체는 계속 일직선 위를 일정한 속도로 움직이려 한다.

운동 제2법칙(가속도의 법칙, F=ma)

힘과 가속도와 질량 사이의 관계를 나타내는 법칙으로, 가속도는 물체에 작용하는 힘에 비례하고 물체의 질량에 반비례한다. 이렇게 얻어진 식 '가속도=힘÷질량'을 힘을 기준으로 정리하면 흔히 알고 있는 식 'F=ma'가 도출된다.

운동 제3법칙(작용·반작용의 법칙)

어떤 물체에 힘(작용)이 가해질 경우, 반드시 이와 크기가 같고 방향은 반대인 힘(반작용)이 함께 나타난다는 법칙이다. 만약 A가 B를 밀면 B도 A를 밀게 된다. 두 힘의 합력은 0이지만, 서로 다른 물체에 작용하고 있는 두 힘을 서로 더할 수는 없다고 한다.

이 중 제2법칙(F=ma)은 단연 가장 의미 있는 법칙으로 꼽히며, 일반적으로 뉴턴의 법칙이라 칭해진다. 이는 베르누이의 정리, 음파와 파동이론 등 후대 연구의 기초가 되었고 아인슈타인 이후에도 여전히 부정되지 않는 자연법칙으로 남아있다. 뉴턴은 이 법칙을 통해 물체와 별도로 실존하는 '힘'의 존재를 드러내었는데, 이는 뉴턴 이전의 자연철학을 뛰어넘는 성과라 할 수 있다.

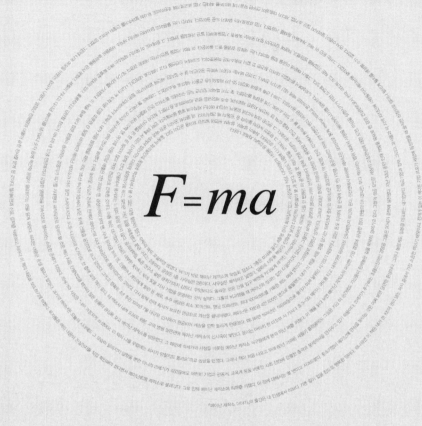

제5장

인간은 단련될수록 강해진다

협력 업체와 함께 하는 학습회

업무 공백에도 회사 매출은 고속 성장

전원이 단결해서 생산 계획 달성!

일이 먼저가 아니라 물리가 먼저라는 신념, 물리학이 세상의 기본이므로 이것부터 배워야 한다는 고집에서 메이난 식구들은 매주 4시간씩 업무 시간에 자리를 비우고 물리학 서적을 펼쳤다. 주당 4시간이면 한 달에 16시간, 그것도 한두 명이 아닌 전 사원 대상이다. 그사이 매출은 어떻게 되었을까? 궁금하지 않을 수 없다. 실제로 전 사원을 대상으로 학습회가 실시된 직후부터 회사 안팎에서 우려의 목소리가 컸다.

그러나 사장은 확신했다. 다음은 사장의 말이다.

"근무시간에 공부라니 생산계획은 어떻게 되는 것이냐고 의문을 제기하는 분들이 많았어요. 하지만 나는 걱정하지 않았습니다. 먼저 공부해서 우리의 생각과 가치관이 성장하게 된다면 생산계획을 완수하는 것쯤은 어렵지 않다고 믿었기 때문입니다. 학습회가 끝나면 모든 일을 사원들에게 맡겼습니다.

변화된 그들을 신뢰했기 때문이죠. 신뢰란 배신을 두려워해서는 결코 가질 수 없는 마음입니다. 그리고 우리 직원들은 오늘날까지 한 번도 거래처 사람들을 실망시키지 않았습니다. 납기일이 다가오면 영업부든, 자재부든 부서와 직급을 따지지 않고 모두 철야와 휴일 출근을 불사하며 생산에 뛰어들었습니다. 이제까지 납기일을 어긴 적이 없어요. 연구학습회를 통해 회사의 모든 업무를 스스로 관장하도록 일임했기 때문에 가능한 성과였어요. 직원들은 주어진 임무를 해낸 게 아니라 자기가 해야 할 일을 알아서 해낸 겁니다. 그러니 생산계획이 틀어질 일이 없었지요."

하세가와 사장의 당당한 목소리에 수많은 경영자와 관리자는 어떤 생각이 들까. 전근대적인 일본 사회에서 이토록 이상한 회사가 태어났다는 것이 믿어지지 않는다. 학습회의 성과는 학습회가 시작된 직후부터 메이난의 고속 성장을 통해 이미 실적으로 증명되고 있다.

지루한 학습회의 대안은?

처음부터 순조로운 일은 없다

1963년, 근무시간을 일부 할애해 학습회가 개최되었다. 그때 하세가와 사장은 이렇게 생각했다.

'유럽은 벌써 주5일제를 실천하고 있다. 시대의 첨단을 지향하는 메이난이 가만 있을 수는 없다. 그렇다고 실질적인 주5일제를 시작하자니 사회적 여건이 만만치 않다.'

그래서 생각한 것이 월요일 아침 네 시간이다. 월요일 아침 네 시간은 기업에서 가장 바쁜 시간이다. 그러나 메이난은 이 시간을 과감히 활용함으로써 진일보할 수 있었다.

'유럽은 이틀 휴무다. 그중 하루는 뭔가 배우거나 자기만의 장기를 살리는 데 주력하고 있다. 메이난이 매주 네 시간씩 월요일 아침에 학습회를 열게 된다면 실질적으로 격주5일제가 된다.'

이를 통해 한 달에 두 번 유럽처럼 휴일을 자기 자신에게 쓸 수 있다는 계산이 나왔다.

학습회의 강사는 바로 직원들 자신이다. 메이난 학습회에서는 발전적 아이디어가 샘솟는다.

문제는 직원들이 이런 제안을 받아들일 리 없었다. 유럽과 종교도 관습도 다른 일본 사회에서 월요일 아침 네 시간을 알아서 자기 발전에 활용해보라고 하면 어디 가서 잠을 자거나 금방 도박판을 벌이게 된다. 어쩔 수 없이 강제적 참여가 불가결하다. 메이난의 직원들은 학력과는 거리가 멀다. 공부가 싫어서 단순 노동 직공이 된 경우가 태반이었다. 학습회의 초기 분위기는 우울 그 자체였다. 가끔은 험악한 말싸움도 오갔다.

공부는 곧 암기라고 생각했던 직원들은 머리 쓰는 게 싫어서 공장에 왔는데 여기서 공부를 하게 될 줄은 몰랐다며 격렬하게 반대했다. 사장의 강압에 못 이겨 억지로 학습회에 참여해서는 그저 입을 다물고 가만히 앉아서 졸기 일쑤였다.

그랬던 메이난의 학습회가 발전하게 된 계기는 돌아가면서 강의를 해야 한다는 제도 때문이었다. 즉 모두가 한 번씩 강단에 올라 동료들을 가르쳐야 했던 것이다. 처음에는 상사나 선배들이 돌아가면서 강의했다. 부하들에게 창피당하기 싫어서 낯선 물리를 열심히 공부했다. 그 모습에 차차 후배들이 감명을 받았다. 잘 알지도 못하는 물리를 하나라도 더 이해시키려고 끙끙대는 모습에 감동한 것이다.

다음 단계로 우여곡절 끝에 머릿속에 조금이나마 들어온 원리들이 기계 공정 과정에서 발견될 때면 느껴보지 못한 희열이 전해졌다. 자기가 현재 하고 있는 작업에 물리적 원리들이 가득하다는 것을 깨닫고 학습회가 헛된 시간 낭비가 아님을 알게 되었다. 배운 내용들을 응용해서 작업해보니 전에는 이유조차 몰라서 포기하고 있던 문제가 해결된다. 시간이 단축되고, 질 좋은 생산이 가능해진다. 여기서 자주성이 싹텄다. 이렇게 되기까지 오랜 시간이 걸렸음은 당연하다.

학습회 초기에 리더 역할을 맡았던 하세가와 노부히코 씨는 당시 상황에 대해 아래와 같이 증언하고 있다.

1959년에 나는 야학에서 공부하고 있었다. 어느 날 형님이 회사에서 따로 보자고 했다. 평소에도 형님은 과학적이고 합리적인 사람이었다. 함께 일해보자는 제안을 받고 재미있겠다는 생각이 먼저 들었다. 입사해서 다른 직원들을 살펴보니 대부분 과학적인 사고방식과는 거리가 멀었다. 내가 기대했던 분위기와는 많이 달랐다. 비록 사장인 형님에게 공감하는 바가 크다고 해도 매일의 업무에서 마주쳐야 할 상대는 형님이 아닌 동료들이었다. 오랫동안 일할 곳은 아니라는 생각이 들었다. 무엇보다도 나는 회사 경영에 관심이 없었다. 내 전문인 엔지니어적 기술을 발휘할 수 있는가가 중요했다. 따라서 메이난을 평생 직장이라고 생각해본 적이 없었다. 시간이 지날수록 내가 메이난에 있어야 될 이유를 찾지 못했다. 형님이 꿈꿨던 이상에는 동조했지만, 현실의 모순이 너무 컸다. 절망적인 상황이었다.

그래서 하루는 형님에게 기술력이 뛰어난 직장으로 옮겨야겠다고 말했다. 나와 비슷한 수준의 동료들과 일하고 싶다고 말했다. 형님은 내 말에 반대하지는 않았다.

"지금의 메이난이 너에게 맞지 않아서 나가는 거라면 할 수 없지. 네가 가버리면 네 환경은 바뀌어도 메이난의 환경은 바뀌지 않을 거야. 너는 뭔가 가치 있는 일이 하고 싶어서 여길 나가겠다고 하는데, 그럴 바에야 너한테 부족한 환경을 변화시켜서 네가 일할 만한 가치가 있는 곳으로 만들어보는 건 어때? 내 생각엔 그게 더 도움이 될 것 같은데 말이지……."

그 말 한마디가 나의 가치관을 변화시켰다. 내가 기계 기술을 택한 이유는 그것이 나에게 이익이 될 뿐만 아니라 나아가서는 타인에게 보다 편리한 삶을 보장해주는 유일한 길이라고 여겼기 때문이다. 하지만 그마저도 기술꾼적인 독선에 불과했다. 나는 메이난에서 내가 해야 할 일이 있음을 깨달았다. 그 일은 기존의 내가 상상조차 하지 못한 일이었고, 그것이 나의 미래를 바꾸게 되리라고 확신했다. 그리고 지금과 같은 절망적인 메이난이기에 그런 일을 할 수 있는 기회가 주어진 것이라고 감사했다.

물리를 견디지 못하고 떠난 동료들

작용에는 반작용이 따른다

메이난 제작소에서 전인미답의 경영을 실천하는 과정에서 약 70명의 동료들이 회사를 떠났다. 70명이라고 하면 현재의 메이난 제작소 인원의 절반에 가까운 숫자다. 이 숫자에 결혼 문제로 그만둔 여사원은 포함되지 않았다. 그들은 오직 단 하나의 이유, 물리를 견디지 못하고 회사를 떠난 것이다.

그들을 떠나보내는 작별의 인사로서 하세가와 사장은 사보에 다음과 같은 글을 실었다.

물이 쓰다.

"사장님! 오늘부로 그만두겠습니다!"

"그래? 깊이 생각하고 결정한 일이지? 그럼 잘 가……."

메이난이 문을 연 후로 60명 넘는 사람들과 이런 대화를 나눴다.

그들 모두가 메이난이라는 사회에서 사라졌다. 말이 60명이지 우리 같이 조그만 사회에서는 엄청난 인원임에 틀림없다.

그만두겠다는 말은 쉽게 나오는 것이 아니다. 오랜 방황 끝에 이게 최선이라는 판단을 내렸을 것이다. 스스로 해낸 창조적 결단이다. 직원이 내린 최고의 결단 앞에서 사장은 무력하다. 무력함은 직원에 대한 원망이 되고, 그의 결단을 존중해주는 나의 용기가 그를 성장시킬 것이라는 생각에 또 한 번 좌절하게 된다.

한편으로는 나의 경영 이념이 어딘가 잘못된 건 아닐까, 내가 모르는 곳에서 실수한 건 아닐까, 나의 가치관이 잘못된 건 아닐까, 하고 반성한다.

어쩌면 나 같은 인간이 겁도 없이 격변의 사회 환경을 무시하고 100여 명이나 되는 사람들을 대표해서 그들 인생의 캐스팅보트를 쥐었던 것 자체가 실수였는지도 모른다. 자기 재능의 그릇도 모르는 주제에 남의 재능에 대해 왈가왈부한 심판인지도 모른다. 짧은 대화를 끝으로 사람들이 메이난에서 사라져간다. 그들에게 메이난이란 어떤 곳일까? 그들의 삶에서 메이난은 어떤 가치를 지니고 있을까? 그들은 메이난이라는 회사에서 자신의 가치를 얼마나 이루었을까? 이에 대한 답이 부정적이었기에 그들은 우리를 떠난다.

죽을힘을 다해 노력했다. 이를 악물고 메이난에 내 삶을 바쳤다. 하지만 떠나는 자들이 있다. 차갑게 돌아서는 옛 동료의 뒷모습을 바라보며 눈물로 목을 축인다. 쓰다.

특허청의 감사를 받게 된 이유

직원 80명의 회사가 특허·실용신안만 무려 800건

온갖 고난을 이겨내고 메이난은 착실하게 성장을 거듭했다. 눈에 보이는 회사의 성장보다도 그 속에 숨어있는 인재들의 성장이야말로 큰 성과였다. 메이난은 기계 개발로 먹고사는 회사다. 아이디어는 필수다. 물리로 무장한 직원들은 기존의 기술력을 덧붙여 속속 신新기술을 발전시켰고, 이것이 특허·실용신안 등록이라는 결과를 낳았다.

메이난 제작소가 보유하고 있는 특허·실용신안은 신청 중인 것을 포함해 1천여 건에 이른다. 직원 1인당 평균 10건에 가까운 특허 기술을 갖고 있다는 셈이다. 말도 안 되는 만화 같은 성공 스토리다.

나고야 구석의 들어본 적도 없는 회사에서 신기술이 폭발했다. 천여 건의 특허·실용신안이 제출되었고, 100퍼센트 가까운 확률로 국가의 인정을 받았다. 특허청 공무원들은 이 사태에 뭔가 꿍꿍이가 있는 건 아닌지 의심했다. 그래서 기습적으로 메이난 제작소를 감사했다. 그리고 앞서 우리가 살펴본 메이난 제작소의 경영 방침, 전 사원을 대상으로 한 엄청난 수준의 물리학 습회의 실태를 파악하고서는 일본에 이런 회사가 있을 줄은 몰랐다며 벌어진 입을 다물지 못한 채 돌아갔다. 감사를 하러 내려왔다가 감탄만 하고 돌아갔다.

나는 학창 시절, 유명한 변리사 사무실에서 아르바이트를 한 적이 있다. 특허 신청 업무를 돕는 과정에서 특허 공부를 조금 했다. 특허·실용신안 신청이 특허청을 통과하기가 하늘에 별 따기라는 것을 너무도 잘 안다. 그런데 메이난은 성공률이 100퍼센트에 육박한다. 사원 100명의 회사가 무려 천여 건의 특허와 실용신안을 보유하고 있다. 수치만으로도 메이난의 엄청난 힘이 느껴지는 대목이다.

언젠가 하세가와 사장에게 어리석은 질문을 던졌다.

"왜 메이난은 목공기계에 매달리는 겁니까? 이만한 기술력과 아이디어를 좀 더 돈이 되는 신新사업에 투자해야 되는 것 아닌가요?"

재료 혁명이라는 말이 유행하고, 플라스틱이 대두되던 시절이었다. 사양산업인 목재에 구애받는 이유가 궁금했다. 기껏 노력해서 헛된 곳에 낭비하는 건 아닌가 안타깝기도 했다. 그런데 사장의 대답은 단호했다.

"인류가 지구 위에서 살아가는 동안 나무에 대한 수요는 줄지 않아요. 인간은 나무 없이는 못 삽니다. 인간은 그런 생물이에요."

플라스틱과 철은 가공이 상대적으로 쉽다. 그에 비해 목재는 생물이다. 각기 형태와 강도, 성분이 다르다. 이것을 기계로 가공하고, 나아가서는 가공 과정의 무인화를 꿈꾸고 있다. 절대로 쉬운 일이 아니다. 특허 1천 건만으로는 부족하다는 대답이었다.

나무에 대한 메이난의 도전은 인류를 향한 탐구에 가까웠다. 메이난 제작소의 진가가 여기에 있다. 그들이 적은 숫자로 그토록 많은 특허·실용신안을 얻어낸 이유인 것이다.

하청 업체가 거둔 창의적 성과는
그들에게 돌려준다

더불어 제작했다는 기쁨

메이난 제작소가 성장할수록 하청 의존도도 덩달아 상승했다. 이런 변화에 대처하는 메이난의 자세는 역시나 평범하지 않았다. 외주 협력 공장과의 관계를 그들만의 독특한 생태에 맞춰 재정립했다. 하세가와 사장도 한 때는 하청업으로 먹고 산 적이 있다. 하청 업체는 불황에 제일 먼저 잘려나간다. 그래서 하세가와 사장은 메이난을 시작하면서 첫 번째 방침으로 아무리 배가 고파도 하청은 받지 않겠다고 결심했다. 반대로 메이난이 하청을 주게 되는 상황이 오자 하세가와 사장은 과거의 자신을 떠올리며 고민했다. 그가 어떤 결론을 내렸을지 이 책을 읽는 독자들도 많이 궁금하실 것이다.

1970년대에 들어서며 메이난 제작소는 연간 300대의 목공기계를 생산하는 중견 업체가 되었고, 자재 조달 및 조립 등을 맡은 협력 업체가 무려 80군데에 달했다. 메이난 같은 개발 기계

더 나은 기계를 만들겠다는 메이난의 집념은 누구보다 강하다.

제조업체의 하청은 협력 회사 입장에서 배로 힘든 일이다.

"아침에 도면이 도착해서 작업에 들어갔는데 저녁에 설계가
변경되었다고 연락이 옵니다. 한두 번이 아니에요. 기계 하나가
조립될 때까지 거의 매일 되풀이됩니다. 처음 메이난과 일했을
때는 진짜 겁이 나더군요."

메이난의 협력 업체 중 한 곳인 요코시로 공업소 사장의 증언
이다.

그런데 메이난이 요구하는 설계 변경은 납득이 갔다. 설계 변
경이 이루어질 때마다 기계의 성능이 한층 더 발전하는 것이 눈
에 보였다. 같은 기술자로서 메이난 제작소 사람들이 기계 개발
을 위해 얼마나 노력하는지가 느껴졌다. 그 마음이 무겁게 전해

졌고, 단순히 나사 하나 조립할 때도 저절로 한 번 더 검사하는 버릇이 생겼다고 한다. 저렇게 고생해서 개발한 기계인데, 우리가 잘못 조립해서 고장 나는 일은 없어야겠다고 영세한 공업소 직원들이 발 벗고 나서준 것이다. 그렇게 완성된 기계들이 특허를 받고, 호평을 받고, 주문이 밀려들 때마다 메이난 제작소와 함께 일하고 있다는 자부심이 생겼다고 한다.

이렇게 되기까지 메이난에서도 협력 업체에 많은 신경을 써주었다. 사내의 특별 프로젝트 팀이 주관하는 교육 개발에 협력 회사 직원들을 초청해 함께 공부하는 자리를 만들었다. 협력 업체 중 한 곳인 고지마 철공소의 야마구치 히로마사 씨도 본인은 물론이고 몇 안 되는 철공소 식구들을 데리고 메이난 학습회에 수시로 참가했다. 일하는 자세, 아무리 작은 일이라도 자신이 책임져야 된다는 의식의 변화가 일어났다고 한다.

오나리 제작소의 야마다 마사로 사장은 메이난이라는 회사를 가리켜 '정형내과'라고 불렀다. 사람이 다치면 병원에 가듯 판자도 마찬가지다. 그런데 메이난이라는 목재 병원은 조금 다르다. 전동연마기라는 정형외과적 기계로 목재의 내부에 감춰진 보이지 않는 상처를 메꾼다. 내과에서 내장의 병약한 부위를 진단하듯 메이난에서는 부러진 목재만 잘라 붙여주는 것이 아니라 나무의 속까지 다듬는다. 메이난이 추구하는 기계는 내과와 외과에서 동시에 사용할 수 있는 제품이어야 하기 때문이다. 그 일에 동참하고 있다는 기쁨이 야마다 사장의 표정에 배어 있었다.

메이난의 협력 업체들은 물리학습회에도 참가하고, 사원 여행에도 참가한다. 서로 많은 대화를 나눈다. 메이난의 사원 여행은 계약관계에 있는 협력 업체 사람들까지 아무런 불편 없이 즐길 수 있도록 최대한 편한 시간들로 꾸며진다. 그래서 어느 사이엔가 속에 있던 생각들이 쏟아져 나온다. 특히 공통의 화제라고 할 수 있는 일에 관한 것들, 기계 개발에 관한 이야기가 나오면 밤이 무르익도록 이야기꽃이 핀다. 공유할 수 있는 추억이 만들어진다.

협력 업체 경영자들은 우리 회사 사원들도 메이난 제작소 사람들처럼 성장했으면 좋겠다고 하세가와 사장에게 자문을 구한다. 그에 대한 하세가와 사장의 충고가 주변에 알려지면서 어느 잡지에 '사람을 만들자'라는 하세가와 사장의 칼럼이 연재되기도 했다. 메이난 제작소가 외주 협력 업체를 어떻게 바라보고 있는지 해답을 줄 수 있을 것 같아 소개한다.

인간은 생각하는 동물이다. 따라서 인간이 여러 가지 일을 생각할 수 있도록 만들어주는 것이 중요하며, 그럴 만한 가치 있는 업무를 창조하는 것이 중요하다. 생각할 만한 가치가 있는 일을 하는 사람이 결국에는 가치 있는 존재가 된다. 기계를 생각해보자. 기계의 각 부품들이 어떤 목적에 부합하는 제품으로 만들어졌다면 형태는 중요하지 않다. '목적'이 같은 모든 장소에서 이 부품은 적절하게 사용될 것이기 때문이다. 그러므로 제작을 책임지는 공장 직원들은 자기의 기술이 살아나갈 수 있는 방식으로 제품을 만들어야 한다. 그것이 곧 합리화이며, 짧은 시간에 보다 많은 생산력을 갖게 되는 길이다. 만약 그 길을 외주 업체에서 발견했다면 당연히 그에 따른 결과물은 외주 업체의 것이다. 메이난은 초과된 이익에 손대지 않는다.

메이난의 중심은 인간이다. 메이난이 생산하는 제품보다 메이난에서 일하는 인간이 더 소중하다. 메이난은 인간중심주의를 목표로 한다. 인간의 일은 창조이며, 창조만이 기쁨과 보람을 가져온다고 믿는다.

협력 업체는 우리의 생산을 대신하는 동료다. 우리의 동료이므로 우리처럼 그들도 인간을 가장 소중하게 여겨야 한다. 우리의 요구가 아닌 그들의 창조를 우선시해야 한다. 그들이 우리와 더불어 기뻐하게 되었을 때, 그때가 바로 그들이 우리의 진짜 동료가 되는 순간이다. 그러나 메이난은 우리의 동료가 되라고 강요하지 않는다. 협력 업체가 자발적으로 우리에게 다가오기를 기다릴 뿐이다. 그때까지 발주로 우리의 의사를 전하거나 하는 일은 없다. 우리가 요구하는 수준에 오를 수 있도록 지도하고, 응원하며, 협력할 뿐이다. 같이 공부하며 나아가는 방법밖에는 없다고 생각한다.

이런 생각을 정리해서 메이난은 다음과 같은 '외주 기본 방침'을 만들었다.

메이난 제작소의 외주 기본 방침

1. 발주 가격은 상식 수준에서 결정한다.

2. 신규 비용은 오른 만큼 메이난이 책임진다.

3. 외주 업체의 이익은 외주 업체의 창의성과 열정, 노력으로 획득하는
   것이 맞다. 외주 업체에서 만들어낸 가치는 외주 업체의 권리이다.
   그에 따른 비용이 오르더라도 메이난은 관여하지 않는다.

4. 외주 업체의 불성실한 태도로 이익이 줄어들더라도 감수한다. 업체
   를 선정한 메이난의 책임이기 때문이다.

5. 상호 신뢰를 원칙으로 한다.

6. 감정의 지배를 받게 되면 진실이 왜곡된다. 감정은 개인의 마음만
   바라보기 때문이다.

7. 올바른 가치판단을 위해서는 이성의 훈련이 필요하며, 이를 위해 되
   도록 함께 학습한다.

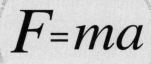

제6장

인간과 기계와 식물의 격투

'톱니바퀴 하나'에서 기계의 성능이 판가름난다

공장에서 싱크탱크Think Tank로

시장에 한발 앞선 제품을 만들어내다

메이난 제작소 창립 1호 기계는 KC글라인더(연마기)였다. 이 기계는 40년이 넘도록 현장에서 사용되었다.

1960년대에는 기계 도면이라는 게 따로 없었다. 주문만 하면 재료가 택배로 도착하는 요즘과는 상황이 다르다. 그야말로 재료를 수배해서 찾아내야 했다. 설계는 그 다음 문제였다. 재료 상태를 보고 설계에 들어갔다. 21세기에는 감히 상상도 할 수 없는 고되고 다사다난한 현장이었다. 그처럼 열악한 환경 속에서도 메이난은 작업에 필요한 기계까지 직접 만들어 사용했다. 유일하게 밖에서 구한 부품은 기어뿐이었다. 그런데 이 기어마저도 핵심이 되는 기어 펌프는 공장 바닥에 굴러다니는 버려진 물건으로 임시변통했다. 이런 기계가 필요하다고 주문이 들어오면 자동절단기, 고속4련펌프, 스프레더, 필름접합기 등 무엇이든 만들어냈다. 그러다가 마침내 메이난의 주력 제품인 샌더와 콤포저를 개발했고, 이 두 제품이 히트하면서 크게 성장했다.

샌더는 직역하면 '모래를 뿌리는 기계'쯤 되는데, 목재의 표면을 연마할 때 사용된다. 메이난의 샌더는 처음에 고작 한 기종에 불과했다. 주문도 4~5대밖에 받지 못했다. 이렇게 불안정한 생산공정에서도 '샌더는 메이난'이라는 입소문이 업계에 퍼지면서 능력을 인정받게 되었고, 샌더를 잘 만드는 회사라면 재단기, 컷소, 호부기(천이나 실, 종이에 풀을 먹이는 기계) 등도 제대로 만들 것이라는 신뢰가 쌓여 주문이 밀려들었다.

1960년대 중반부터 일본 경제가 고도성장기에 들어서자 건축 붐이 일어났다. 합판 수요가 엄청나게 늘어나면서 샌더의 수요도 덩달아 뛰어올랐다. 수요가 늘어난 만큼 기계의 고속화, 정밀화가 요구되었다. 메이난 제작소는 시대의 흐름을 선도하듯 기존 샌더보다 8배나 고속화된 슈퍼 샌더를 차례로 개발하기에 이른다.

샌더는 원래 외국에서 수입된 제품이 주를 이루었다. 일제 샌더는 대부분 수입품의 설계를 모방한 것에 불과했다. 그러다 보니 현지의 목재들과 맞지 않는 부분이 많았다.

목공기계 제작의 후발 업체, 더구나 영세한 메이난이 시장을 파고들 기회가 바로 여기 있었다. 메이난은 일본의 나무에 어울리는 일본식 샌더를 만들어냈다. 이전까지 시장에서 일본식 샌더가 필요하다는 요구는 거의 없었다. 다들 그래야 하는 것처럼 불편을 감수하고 수입 샌더를 이용했다. 그러나 메이난은 이런 불편을 해결해주는 것, 그리고 소비자의 의식 속에 앞으로도 이런 불편을 감수해야 하는 걸까, 라는 의문을 제기하는 일본식 샌더를 만들어냄으로써 시장을 역전시켰다. 이 모든 게 물리학 습회 같은 의식 변혁 및 지적 성장이 이루어졌기에 가능한 결과였다. '샌더는 메이난'이라는 명성은 단순 생산이 아닌 지적 학습이라는 두뇌 활동 덕분에 얻은 수확이었다.

회사가 성장하면서 사내의 인재 개발은 더욱 활기를 띠게 된다. 공장이 커질수록 메이난의 생산력만으로는 소비자의 욕구를 따라가지 못했다. 협력 업체에 조립을 의뢰하는 외주가 대안이었다. 협력 업체는 조립을 맡고, 메이난은 개발 설계와 영업을 담당하는 싱크탱크로 거듭나게 된 것이다.

신입 사원의 대발명!

대기업도 포기한 콤포저를 집념으로 붙들다

성장과 학습이 균형을 맞추며 메이난은 날로 성공가도를 달렸다. 샌더가 주력으로 자리 잡은 데 만족하지 못하고 다음 도전 과제를 정해보자는 의견이 분분했다. 그렇게 탄생한 두 번째 목표가 바로 콤포저였다.

기업 르포를 쓰는 작가로서 일본의 크고 작은 기업과 공장을 수도 없이 찾아다녔다. 그중에는 합판 공장도 꽤 있다. 작업 공정을 구경하면서 한 가지 아쉬웠던 점은 목재 껍질을 최대한 얇게 벗겨내는 공정에서 일손이 지나치게 많이 들어간다는 것이었다.

지금은 나왕재가 베니어판의 주재료이지만, 예전에는 쉽게 구할 수 있는 잡목으로 베니어판을 만들었다. 거의 쓸모가 없는 너도밤나무가 베니어판의 주재료가 된 것이다. 밤나무 껍질을 얇게 여러 번 벗겨내고 다시 붙여서 판자를 만든다. 그리고 겉

130

에 양질의 깨끗하고 얇은 판자를 앞뒤로 붙이면 베니어판이 된다. 원목으로는 쓸모가 없는 목재를 최대한 살려 일반 목재보다 싸고 단단한 건축자재로 만들어낸 것이 바로 베니어판이다.

그런데 베니어판의 재료인 나무는 자연에서 제멋대로 자라난 생명체다. 각기 마디가 다르고 강도도 다르다. 사람의 눈과 손으로 최대한 비슷한 것끼리 추려 모양을 합쳐야 한다. 그래서 일손이 많이 필요하다.

경제가 성장하면서 일손이 부족해지고, 인건비도 늘었다. 제일 먼저 타격을 받은 곳은 생산 현장이다. 베니어판 시장도 마찬가지였다. 이를 타개할 대책은 '기계화'였다.

유명 기계 제조업체마다 사람을 대신할 기계 개발에 뛰어들었다. 기계화를 통해 대량생산과 인건비를 절약하는 게 성장의 대세처럼 여겨졌다.

다른 시장과 달리 목재 시장은 기계화로의 변화가 가장 절실하면서도 그 과정이 매우 더뎠다. 왜냐하면 상대가 살아있는 나무였기 때문이다. 또 철강이나 플라스틱 같은 신소재 열풍에 밀려 전통적 소재인 목재 산업은 사양길에 들어섰다는 인식이 팽배해졌다. 업종을 대표하던 기업들도 하나둘씩 목공기계를 버리고 돈이 되는 새로운 사업을 찾아 나섰다. 노력과 투자에 비해 성과가 나오지 않는 목공기계는 금방이라도 망할 것처럼 보였지만, 메이난 제작소는 이런 현실에 굴하지 않고 'ma 정신'으로 용감히 정반대의 길을 탐색하기 시작했다.

하세가와 사장과 동생인 노부히코는 아이디어가 떠오를 때마다 갱지에 적었다. 아이디어 쪽지가 모이면 이를 구체화해서 설계하기를 반복했다. 특히 지금까지 유명 제조사나 라이벌 회사가 실패한 사례들을 모아 어째서 실패했는지를 분석해보았다. 얇게 벗긴 나뭇조각을 평면인 2차원으로 바라본 게 문제였다는 의견이 나왔고, 곧바로 3차원적인 부분까지 제어할 수 있는 기계라면 가능하지 않을까, 라는 해답에 도달했다. 결국 이런 생각이 맞아떨어져서 성공하게 되었지만, 그 과정이 너무나 힘들었다. 열악한 제작 여건에서 대기업도 포기한 신제품 개발이란 말 그대로 고행이었다. 노부히코가 사원들 중에 기계 설비에 관심이 많은 멤버를 취합해 프로젝트 팀을 만든 것이 성공의 결정타였다.

훗날 메이난 제작소를 돈방석에 올려놓은 콤포저 1호기가 완성되기까지 3년이 걸렸다. 그 3년 동안 설계와 제작, 해체, 실험이 반복되었다. 그러는 동안 프로젝트 팀은 올라운드 플레이어가 되었고, 그들은 지도적 위치에서 다른 직원들을 올라운드 플레이어로 키워냈다. 모든 것이 전에 없던 방식의 창조였다. 나사 하나, 체인 하나도 특허 신청 대상이 되었다. 변리사를 고용할 수도 없는 형편이라 자기가 개발하고, 자기가 제작하고, 자기가 특허를 내야 했다. 어느 날은 직원들이 학습회에서 물리 대신 특허 절차를 공부하기도 했다.

대기업이라면 명문 공대를 최고 성적으로 졸업한 인재들을 뽑아 적재적소에 앉혀놓는 걸로 끝이다. 더군다나 그들 앞에는 각 파트에서 충분한 체험을 쌓은 베테랑들이 기다리고 있다. 구성원의 능력치만으로는 언제나 최강이다.

그에 비하면 메이난은 소기업이다. 조그만 기계 공장이다. 직원의 대다수가 중졸 학력이다. 일을 가르치면서 공부를 가르쳤다. 그래봐야 야간공고다. 웬만한 중견 기업엔 입사 지원서도 낼 수 없는 수준의 인재를 데리고 팀을 꾸려 대기업도 포기한 새로운 목공기계 개발에 도전장을 내밀었다. 신입 사원이 들어오면 일을 지시하는 대신 어떻게 일해야 하는지부터 가르쳤다. 대기업이 대학을 졸업한 인재로 신상품 개발에 나섰다고 한다면 메이난은 중학교를 졸업한 신입 사원을 개발시켰다. 먼저 사람을 개발시킨 후 그 사람이 뭔가를 개발하도록 한 것이다.

3년의 노력 끝에 완성된 콤포저는 전에 없던 신기술의 결정체였다. 모두가 필요로 했던 바로 그 제품이었다. 그 자체로 엄청난 매출을 상징했다. 특허로 무장된 기계여서 대기업들도 손을 못 썼다. 추적이 불가능했다. 그야말로 독점이었다.

신제품 출시 5년 만에 콤포저 매출이 전체 매출의 85퍼센트를 차지했다. 이 기계 하나로 벌어들인 순이익만 1년에 28억 엔이었다.

성공에 만족하지 않고 메이난은 그 후로도 제품의 변혁에 열정적으로 뛰어들었다. 소비자가 요구하지 않아도 개선 사항을 내놓았고, 문제점을 공개했다. 그러자 소비자들이 변했다. 이 정도로 정밀한 목공기계라면 철강에도, 플라스틱에도 사용할 수 있지 않겠느냐고 먼저 메이난에 아이디어를 제공했다. 당연히 메이난은 소비자의 제안에 응답했다. 철강, 금속, 플라스틱용 샌더와 콤포저가 속속 출시되었고, 이 또한 어마어마한 성공을 이룩했다.

메이난 초기 제품 개발 과정에서 하세가와 사장을 비롯한 전 직원은 한 가지 파트가 아닌 최소 세 가지, 네 가지 파트를 겸했다. 메이난의 전 직원은 설계부터 제작, 영업이 모두 가능한 멀티 플레이어들이었고, 부서별 업무 한계라는 것이 존재하지 않았다. 하세가와 사장의 '초동태超動態 조직 만들기' 구상이 본격화된 덕분이다.

아이디어가 쏟아지는 '칠판 테이블'

떠오른 생각은 즉시 글자나 도형으로 만든다

메이난 제작소의 2층 사무실에는 사무용 책상과 설계대 사이에 묘하게 생긴 테이블이 여러 개 있다.

가까이 가서 보면 '칠판 테이블'이다. 메이난 식구들이 만든 아이디어 작품 중 하나인데, 벽에 걸려 있어야 될 칠판에 다리 네 개를 붙여 테이블로 만들었다. 이 테이블에서 회의를 하다가 생각나는 게 있으면 분필로 거침없이 도면과 방정식을 적기 시작한다.

아이디어는 메모에서 태어난다. 방금 떠오른 아이디어를 메모하고 있는데 또 다른 아이디어가 떠오르는 식이다.

레오나르도 다빈치의 메모 수첩은 역사적으로 유명하다. 다빈치만 그런 게 아니라 아이디어가 많은 사람일수록 메모광이다. 머리에 떠오른 생각을 글자나 도형으로 표현함으로써 나중에 그것을 실마리로 아이디어가 샘물처럼 솟아난다. 인간은 두 다리로 직립하면서 손이 자유로워졌다. 그리고 손으로 뭔가를 만들어내는 동안 대뇌가 발달했다. 손은 대뇌의 발달과 밀접한 관계가 있으며, 그래서 손을 '제2의 뇌'라고 부르는 학자도 있다. 메이난의 칠판 테이블을 보면서 메이난의 아이디어가 어떻게 만들어지는지 그 비밀을 알게 되었다.

보통의 회의실에는 정면에 칠판이 걸려 있다. 요즘은 아이디어 회의를 한답시고 사방팔방에 투명한 칠판을 걸어두기도 하는 모양인데, 아무리 그래봐야 의자에서 일어나 걸어가야 한다. 메이난의 칠판 테이블은 앉아서도 얼마든지 메모할 수 있다는 점에서 효용성이 높았다.

메이난 제작소 관계자로부터 "매주 두 건 이상 특허와 실용신안을 신청하자는 목표로 도전하고 있으며, 한 달에 여섯 건 정도는 실제로 신청하고 있습니다"라는 말을 들었다. 직원들이 기본인 물리를 철저히 배웠기 때문에 가능한 도전이다. 또한 언제든 그룹 단위에서 함께 사고할 수 있는 의식 수준이 직원들 사이에 만들어진 게 아이디어가 마구 솟구치는 환경을 이끌었다.

이 칠판 테이블은 회의실뿐 아니라 제작이 이루어지는 공장 곳곳에 있다.

세계 진출을 향한 영어학습회

맥주 한 잔을 주문할 때도 영어를 써야 한다

어느 날 메이난 제작소를 방문하자 마침 '영어학습회'가 진행되고 있었다. 영어학습회는 꽤 오래 전부터 진행하고 있다는데, 메이난 제품이 세계 각국으로 수출되면서 열기가 높아졌다고 한다.

보통의 영어학습회와는 풍경이 달랐다. 우선 강사가 레스토랑 매니저처럼 나비넥타이에 턱시도를 입고 있다. 거기에 장발의 청년이다. 뭘 가르치나 봤더니 바에서 주문하는 상황을 영어로 주고받는다.

"메이 아이 헬프 유?"

"아이 원트 어 글라스 오브 비어."

회화 연습이 끝나고 오른쪽 테이블에 깔려 있던 하얀 천을 벗긴다. 책상 위에 맥주, 소주, 와인, 위스키에 마른안주까지 구색을 맞춰놓았다. 그럴듯하게 'Bar ma'라는 간판까지 걸었다.

장발의 강사가 테이블 쪽으로 가더니 바텐더로 변신했다. 어느 호텔 바텐더가 출장해서 가르치는 것 같다.

강사가 가르쳐준 영어로 주문하지 않고서는 술도 마실 수 없고, 안주도 못 먹는다. 술 한 잔 마시겠다는 일념으로 바텐더 선생님이 가르쳐준 대로 영어로 더듬더듬 주문한다. 그 모습을 보고 서로 깔깔거리며 웃는다.

나중에 듣고 보니 이 방법을 직원들이 생각해냈다고 한다. 강사였던 장발의 바텐더도 원래는 메이난 직원이다. 일부러 옷에 가발까지 빌려와서 열연을 펼쳤다.

영어를 제일 못하는 사람이 일일 강사가 된다. 보다 많이 영어로 말할 수 있는 기회를 주기 위해서다. 영어를 잘 하는 직원들은 뒤에 앉아서 코치만 한다. 해외 영업을 담당하는 직원들은 따로 학습회를 만들어 운영 중이다.

하세가와 사장도 영어에는 소질이 없다. 그래도 어렵사리 주문해서 맥주 한 잔을 나에게 대접했다. 마지막은 회식으로 끝난다. 영어와 일본어가 뒤섞여 술잔이 오간다. 영어도 이와 같이 독창적으로 공부하는 모습을 보면서 역시 메이난답다면 메이난다운 풍경이라는 생각이 들었다.

사원이 책을 너무 많이 사서
회사가 무너졌으면 좋겠다!

생각이 살아있는 지식집약형 경영

공부가 최우선이라는 메이난은 직원들의 야간학교 수업료를 일체 내주지 않는다. 대신 책을 산 영수증을 경리부에 제출하면 책값을 전액 지원해준다. 업무에 관한 책뿐 아니라 일반 만화책도 상관없다.

회사는 직원들에게 자기 계발의 의무를 부여하면서도 정작 책값은 지원해주지 않는다. 도서실을 마련해놓고도 빌려갈 때는 일일이 신고를 해야 하고, 다른 사람도 읽어야 하니 깨끗이 보라고 잔소리를 한다. 그런데 책이란 손때가 묻고 뻘겋게 밑줄을 쳐가며 여백에 감상을 몇 자 적어야 내 것이 된다. 회사가 구입한 책은 회사 비품이라면서 함부로 읽지 말라는 것은 공부하지 말라는 소리다. 메이난은 직원들이 자유롭게 책을 소유한다. 어떻게 읽든 직원들 마음이다.

그래도 걱정되는 부분이 있어 사장에게 물었다.

"책값을 전부 내주다간 예산에 문제가 생기지 않을까요?"

그러자 사장은 이렇게 말했다.

"우린 따로 예산을 정해두지 않습니다. 직원들이 책을 너무 많이 사서 회사가 무너진다면 그것이야말로 내 소원입니다."

메이난 직원들은 자신이 읽고 괜찮다고 생각되는 책을 여러 권 구입해서 회사 도서관에 비치해둔다. 주로 고참들이 후배들에게 권하고 싶은 책을 여러 권 구입하곤 한다. 같은 책을 여러 권 구입해도 회사에서는 두말하지 않고 책값을 내준다.

벌써 수십 년 전에 시작된 일이지만, 그 시절의 메이난처럼 지식집약형 경영에 몰두하는 기업은 지금도 찾아보기 어렵다. 메이난이 오늘날까지 독보적인 회사로 남아 있는 까닭이다.

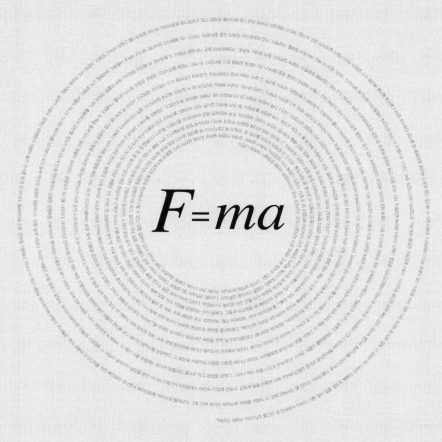

$$F=ma$$

제7장

상황에 따라 자유자재로 변화하는 조직

구애받지 않는 조직 형태·구애받지 않는 운영

사장도 임원도 '완전신임투표'에
운명이 달려 있다

하루 종일 소란스레 열리는 주주총회

이쯤 되면 메이난 제작소가 어떤 식으로 운영되고 있는지 의문이 들 것이다. 메이난 제작소도 처음에는 여느 회사와 별반 다를 게 없는 평범한 조직이었다. 경영 방식과 학습회가 발전하면서 변화가 시작되었고, 그 변화는 조직 체계의 혁신으로 이어졌다. 그들이 의식하지 못하는 사이에 다른 기업에서는 볼 수 없는 독자적인 '초동태 조직'이 탄생한 것이다.

이 조직마저도 매달 바뀌고 있다. 이 책이 출간된 이후, 혹은 독자에게 책이 전달될 무렵에는 또 어떻게 변해 있을지 아무도 모른다. 여기 밝히는 내용은 이 글을 쓰고 있는 시점에서의 메이난 조직이다.

경영 방침과 정책을 정하는 최고 기관은 주주총회다. 우선 메이난의 주주총회 모습부터 살펴보자. 메이난의 주식은 거의 대부분 사장을 비롯한 직원들이 보유하고 있다. 입사 5년차가 되면 사장이 보유하고 있던 주식, 혹은 그만둔 직원의 주식을 매입해서 100주가량을 소유하게 된다. 주주 사원이 되는 것이다. 현재 사원의 80퍼센트 이상이 회사의 주주다. 그래서 주주총회가 있는 날은 자연스레 휴무일이 된다. 또 주주총회는 곧 사원총회가 된다. 주식이 없는 직원도 법적으로 참가할 수 있다.

임시주총은 회사에서 간략하게 치르지만, 결산을 끝낸 8월의 정례주총은 운영위원이 물색한 전국의 온천 명소에서 성대하게 개최된다. 정례주총의 하이라이트인 결산 보고, 이익 처분은 고작 5분 만에 끝내버리고, 주 의제는 경영분석, 문제 해결, 장래의 전망 등 메이난의 미래에 대한 대토론회가 하루 종일 이어진다. 폭력단과 매한가지인 총회꾼에게 부정한 돈을 주고 일반 주주의 의사 발언을 봉쇄, 길어야 10분 안에 총회를 끝내버리는 대다수 기업의 주주총회와는 차원이 다르다.

대주주인 사장과 이제 막 회사주를 매매한 신참 주주가 메이난 주총에서는 법적으로 완벽히 대등하다. 따라서 서로가 납득할 수 있을 때까지 토론한다. 어찌 보면 당연하고도 기본적인 자세. 다만 많은 기업들이 이처럼 당연하고 기본적인 소양을 실천하지 못하고 있기 때문에 일본의 자본주의는 진짜 자본주의가 아닌 봉건주의에 갇혀 있다고 하세가와 사장은 안타까워했다.

주식을 보유하고 있다면 그가 대주주이든 소액주주이든 메이난의 미래를 결정지을 권리가 있다. 이런 신념에 따라 하세가와 사장은 임원 개선에도 특별한 절차를 집어넣었다. 일반적인 기업의 임원 개선은 표결이다. 일반 표결이 아닌 특수 비례 표결이다. 따라서 대주주의 권한이 실로 막강하다. 대주주의 의사에 따라 사전에 정해진 것을 표결이라는 형식으로 승인해주는 것뿐이다. 주주의 발언권도 제한하는 주총에서 임원 개선의 표결이 민주적으로 이루어질 리 없다. 주식을 보유한 사원이나 일반 주주들은 그저 유가증권을 손에 들고 주총 회의장에 앉아 있다가 떠나면 그만이다.

그런데 메이난은 달랐다. 상법과 주식회사법에 저촉될 수도 있지만, 메이난의 주총에서는 1인1표가 기본이다. 신임투표가 그야말로 임원의 생사를 결정짓는 것이다. 첫 번째 신임투표는 사장(대표이사)이다. 만에 하나 불신임표가 과반수가 되면 하세가와 사장은 메이난에서 떠나야 한다. 다행히 지금까지는 압도적인 수치로 재신임되었다.

이어서 임원들인데, 이 또한 1인1표다. 메이난에는 사장 외에 여섯 명의 이사가 있고, 신임투표 결과에 따라 목이 왔다갔다 한다. 사장의 친척이 낙선되는 경우도 있고, 20대 중반의 임원이 탄생하는 경우도 드물지 않다.

의식에 눈뜬 자가 리더

좋은 의견은 잡담에서 나온다

그렇다면 임원 다음 자리는 무엇일까. 놀랍게도 메이난에는 부장도, 과장도, 하다못해 반장도 없다. 1969년까지는 메이난에도 부과장 제도가 있었다. 1970년에 들어서면서 이를 과감히 없애버렸다.

부과장이 없다면 승진의 기회가 박탈되는 것이나 마찬가지인데 사원들이 순순이 동의했느냐고 묻자 "다들 업무에서는 부과장급이라 그냥 없애버린 건데요, 뭐"라는 대답이 망설임 없이 돌아온다. 메이난이 이른바 '버티컬 풀 잡 시스템'으로 변모하면서 부과장 같은 조직 체계가 오히려 불편해졌다고 한다.

이 버티컬 풀 잡 시스템은 그 후 '유니버설 풀 잡 시스템'으로 이름이 바뀐다. 유니버설 풀 잡 시스템을 번역하자면 '소집단 사업부제'쯤 될 것이다. 굳이 분류해본다면 다음과 같겠지만, 여느 조직도처럼 명확히 정리하기가 매우 힘들다.

146

- 생산기술개발부　　　　- 생산기계기초기술부　　　　- 생산조립기초기술부
　　　　- 생산관리부(자재, 외주)　　　　- 기술부(특서, 설계개발)
- 영업부　　　　　　　　- 기획부　　　　　　　　- 총무부

그런데 소속은 생산기술개발부라고 해도 실제 업무는 기획부나 영업부에 가까운 직원이 있는가 하면 반대로 총무부 소속인데, 기술부에서 능력을 발휘하는 직원도 있다. 즉 소속과 상관없이 업무에 필요하다 싶으면 언제든지 타부서의 일을 누구의 허락도 받지 않고 주체적으로 해버릴 수 있다.

부서에 소속되어 있다고 볼 수 있지만, 실제로는 부서가 없다. 메이난은 매트릭스다. 테두리가 보이지 않는다. 상황에 따라 자유롭게 해야 될 일을 해나간다.

공정 따로, 원가 따로, 품질 따로가 아니다. 내가 속한 프로젝트에 공정이 필요하면 공정에 참여한다. 원가를 따져봐야겠으면 직접 원가를 맞춰본다. 주 업무가 영업이더라도 품질 검사를 해야겠다 싶으면 현장에 내려가 내 손으로 생산된 제품을 꼼꼼히 확인한다. 그래서 메이난의 업무는 부서별 팀플레이가 아니다. 테마에 따른 연합 작전이다. 자신이 이 일에 관련되어 있다고 생각되면 누구든지 업무회의에 참가할 수 있다. 당연히 어느 부서의 어느 직책이 회의에 참가해야 한다는 호출도 없다. 테마

를 정해놓고 몇 시에 회의가 있다고 장소만 알려준다. 나머지는 직원들이 알아서 참가와 불참을 결정한다.

앞서 말했듯이 메이난에는 부과장이 없다. 대신 프로젝트별로 리더가 있다. 업무별, 상황별로 그때그때 리더가 바뀐다. 이 또한 임명제가 아니다. 누군가가 이번 프로젝트는 내가 리더로서 이끌어보겠다고 자원한다. 만약 자원자가 둘 이상일 경우 투표로서 리더가 결정된다. 리더를 중심으로 프로젝트가 진행되는데, 간혹 여러 프로젝트의 리더를 맡게 될 때도 있다. 엄청나게 바빠지는 것이다. 매일 저녁 야근이 반복된다. 그래도 불만은 없다. 자기가 원해서 리더가 됐고, 그러므로 결과에 대한 책임도 자신이 져야 한다는 자발적 의무감 때문이다.

리더가 되었다고 해서 특별히 수당이 지급되거나 나중에 승진할 기회가 돌아오는 것도 아니다. 그럼에도 불구하고 메이난 사람들은 의욕적으로 리더가 되려고 경쟁한다. 그들의 차원이 높아졌기 때문이다.

언젠가 한번은 나고야에서 세미나를 열었다. 강사로 메이난의 임원 두 분을 초청해 메이난의 이 같은 현실을 여러 경영자들에게 소개했다. 안타깝게도 그들 대부분이 감탄만 할뿐 납득되지 않는다는 표정이었다.

메이난은 초동태적 조직이다. 보통 회사의 조직과는 차원이 다르다. 그래서 이해되지 않는다. 이해되지 않기 때문에 처음에는 '이상하다'는 평가를 받는다.

각 파트별, 프로젝트별 리더들은 금요일 저녁 5시 30분부터 10시까지 리더 회의를 갖는다. 참석자는 15명에서 20명 사이로 주제는 직원들 간의 인간관계부터 임금까지 메이난과 관련된 모든 분야다. 별도로 주제를 정해놓지는 않고 그날 가장 많이 나오는 화제를 주제로 삼는다. 장소는 사장이 찾지 않는 사장실이다.

메이난 제작소에서 가장 크게 받은 인상은 회의가 끝도 없다는 것이었다. 툭하면 어디에서 무엇을 주제로 회의가 있다는 사내 방송이 스피커를 울린다. 그런데 참석자를 통보해주지는 않는다. 모 부장, 어느 부서의 무슨 책임자는 필히 참석하라는 식의 강제성이 전무하다. 의식에 눈 뜬 직원들이 각자 알아서 회의에 참석하거나 불참하는 것이다. 이것이야말로 진정한 리더십이 아닐까 생각했다.

회사의 명운과 직결된 경영 회의도 이런 식이다. 일반 기업이라면 사장을 비롯한 최고위급 간부 몇 명이 보안을 빌미로 외부와 차단된 회사의 가장 비밀한 장소에서 은밀히 모이겠지만, 메이난은 다르다. 하세가와 사장이 갑자기 '모입시다'라고 말하는 그곳이 경영 회의 장소가 된다. 공장 구석도 좋고, 점심식사 도중일 수도 있고, 때로는 계단 중간이 되기도 한다. 따라서 참가자도 그때그때 달라진다. 게다가 경영 회의는 하세가와 사장만의 특권이 아니다. 지나가는 사장을 붙들고 '사장님, 얘기 좀 하시죠'라는 직원이 있으면 그의 주도로 경영 회의가 시작된다.

'좋은 의견은 잡담에서 시작된다'라는 메이난만의 독특한 사고방식이 정착되었기에 가능한 일이다. 그들은 회의 시간에도, 장소에도, 형식에도 구애받지 않는다.

메이난 제작소에는 조직도가 없다. 그들이 하는 일이 입체적이고 유동적이며, 다이내믹하기 때문이다.

설득은 하되 명령은 내리지 않는다

게으름을 피워도 잔소리하는 사람이 없어서 괴롭다

어느 정도 관찰도 하고 직접 내막을 듣기도 했지만, 나로서는 메이난 제작소의 조직 체계가 아무래도 이해가 되지 않아 직원 9명을 불러 좌담회를 개최했다. 선임 순으로 소개하면 쓰루다 다카노리(창업 멤버), 하세가와 노부히코·니시무라 요시노리(당시 15년차), 오카다 키요타카(당시 13년차), 이와모토 마사쿠니·야부키 유키나리(당시 12년차), 나카바야시 도쿠로(당시 4년차), 이와모토 히로시코(당시 3년), 키타조우에 마사시(당시 2년) 씨 등이었다.

먼저 부서와 직책을 묻자 '주요 담당'을 알려준다. 메이난에서는 부서와 기술에 상관없이 어떤 일에든 참여할 수 있어서 '주요 담당'으로 자신이 무슨 일을 하는지 대략적으로 소개한다고 한다.

예를 들어 "자재 관련 회의가 점심식사 후 회의실에서 있습니다"라는 방송이 나가면 자재 관련 회의가 궁금한 직원, 혹은 실제로 자재를 담당한 직원, 그리고 자신이 자재 관련 회의에 참석해야 될 것 같다고 생각한 직원들이 알아서 회의실에 모인다. 자기 업무가 개발 담당이든 총무 담당이든 상관이 없다. 하고 싶은 말이 있으면 회의에 참석해서 자유롭게 발언한다.

오카다 씨는 영업 담당이다. 영업 담당이기는 한데 지난 1~2년 동안 영업과 관련된 일은 전체의 10퍼센트도 하지 못했다. 대부분의 업무 시간을 '개발부'에서 보낸 탓이다. 하지만 아무도 그에게 영업일을 하라고 말하지 않았다.

조직도란 '명령 계통'이다. 그런데 메이난에는 명령이라는 것이 없다. 그래서 처음 입사한 직원들은 한동안 적응하지 못하고 헤매기 일쑤다. 입사 경력이 가장 낮은 기타조의 증언을 들어보자.

"저는 화학과를 나왔습니다. 기계 가공에는 자신이 없었어요. 입사하고 5개월 가까이 선배에게 배웠습니다. 그런데 선배가 나를 돌봐준 건 딱 5개월로 끝이었어요. 사장님이 무슨 일이 하고 싶으냐고 물으셔서 개발에 관심이 있다고 했더니 그럼 개발 담당이네, 라고 하셨죠. 문제는 개발 담당이 된 이후로 아무한테도 지시를 받은 게 없다는 거예요. 뭘 해야 된다, 뭘 하면 안 된다는 식의 명령이 없으니까 난처하더군요. 여기서는 스스로 깨우쳐야 돼요. 자기가 나서지 않으면 그야말로 방임입니다. 아무도 돌봐주지 않아요. 물론 선배가 지켜봐주긴 하지만, 말 그대로 지켜만 봐요. 본인이 힘을 내서 의욕적으로 달려들 때까지 몇 날 며칠이 아니라 몇 년이고 지켜만 보는 겁니다."

'그래도 직속 상사가 있었을 텐데요?'라고 물어보자 이렇게 말한다.

"상사가 있었다면 게으름을 피우거나 일을 제대로 못해낼 때 주의를 줬겠죠. 그런데 상사가 없었어요. 아무 일도 안 하고 있어도 잔소리하는 사람이 없다는 게 얼마나 고통스러운지 모르실 겁니다."

메이난은 1969년에 부과장 제도를 폐지했다고 앞에 설명했다. 그 후 메이난은 전 사원이 '담당'이 되었고, 하세가와 사장이 스스로를 '사장 담당'이라고 부르는 회사가 되었다.

일본에는 중소기업이 130만 개가 넘는다. 하지만 경영자가 자신을 '사장 담당'이라고 소개하는 회사는 없다.

문제의 '사장 담당'은 메이난 창업 이래 누군가에게 명령해본 적이 없다. 그러나 설득은 한다. 설득되지 않더라도 사장은 보복하지 않는다. 명령 위반으로 징계하지도 않는다. 되풀이해 설득하며 직원의 자주성에 호소한다. 그리고 기다린다.

이런 사고방식이 깔려 있어서 메이난 사람들은 어느 누구의 명령도 듣지 않고, 아무리 상대가 신입이라 할지라도 명령하지 않는다.

메이난에는 '자주성과 설득이라는 두 가지 길밖에 없습니다. 그 외에는 필요 없습니다'라고 하세가와 사장을 비롯한 모든 직원들이 강조했다. 조직에 대한 고정관념이 박혀 있는 나로서는 이해되지 않는 것은 둘째 치고 이상하게 보였다.

좌담회 참석자는 모두 개발을 담당한 경험이 있었다. 또 현재도 개발에 관여하고 있다. 복합적인 업무를 수행하는 데 따른 애로 사항을 묻자 "개발에서는 더욱 더 지시하지 않습니다"라고 말한다. 개발 담당을 맡게 되면 여러 사람의 의견을 취합하고 선택하는 데 너무 많은 시간이 소요된다는 것이다. 그래도 누구 한 사람 앞장서서 의견을 주도하는 것은 싫다고 한다.

막내인 기타조우에 씨는 메이난에서의 특별한 2년을 다음과 같이 정리했다.

"내가 뭘 해야 될지 모르는 괴로운 시기가 있었습니다. 그때는 선배나 상사들이 왜 안 도와주는 걸까, 한마디 충고라도 해주면 좋을 텐데, 하고 아쉬워했습니다. 지금에 와서 돌이켜 보면 업무를 담당하고 있는 주인공은 바로 나 자신이었습니다. 다른 사람이 알고 있는 것을 따라 해 봐야 내 것이 되지 않습니다. 똑같은 업무더라도 내가 느낀 문제점과 다른 사람이 느낀 문제점은 다를 수 있습니다.

지시나 힌트를 받게 되면 스스로 생각하지 못하는 버릇이 생깁니다. 누가 잘못됐다고 지적해줄 때까지, 이렇게 해결하라고 가르쳐줄 때까지 일하는 척하면서 기다리는 버릇이 생깁니다. 또 사람마다 생각이 다르므로 선배들의 충고나 지시의 방향이 달라질 때가 많습니다. 위험하지만 그냥 해보라는 선배가 있는가 하면 위험하니까 하면 안 된다는 선배가 있습니다. 이럴 때

누구 말을 따라야 되는지 헷갈립니다. 심한 경우에는 같은 사람이 오늘과 내일 다른 말을 합니다. 남의 말을 듣다 보면 내 생각이 사라지고 여러 충고들이 뒤섞여서 복잡해집니다. 어차피 누가 충고해줄 때까지 기다려도 고민하게 되고, 충고를 들어도 고민하게 됩니다. 나 혼자 해결하려고 해도 고민하게 됩니다. 그럴 바에야 나 혼자 고민해서 이겨내는 것이 낫습니다.

업무는 모순입니다. 모순을 바로잡는 최고의 수단은 보다 높은 차원으로 생각하는 것입니다. 그것을 메이난에서 배웠습니다. 어쩌면 메이난이야말로 가장 엄격한 기업인지도 모릅니다. 자유만큼 엄격한 굴레는 없기 때문입니다."

납기도 인사이동도 담당자가 결정한다

명령도 지시도 수당도 없는 연장 근무

명령도 없고, 최소한의 지시도 없는 조직(?)에서 제품은 어떻게 만들고, 납기는 무슨 수로 지켜내는지 궁금했다. 이 점에 대해 묻자 영업 담당과 자재 담당이 알아서 결정한다고 한다.

영업 담당은 소비자가 무엇을 원하는지 생산관리 담당과 자재 담당에게 설명하고 협력을 구한다. 이유를 충분히 설명하고 납득시키는 것이 중요하다. 생산관리 담당과 자재 담당을 설득시키지 못하면 생산과정에 돌입할 수조차 없다.

가끔은 서로의 의견이 부딪혀서 고성이 오간다. 나이 많은 선배가 화를 낼 때도 있다. 그러나 이것은 선배로서의 권한을 휘두르는 게 아니다. 반드시 그렇게 해야 한다는 절실함이 답답함으로 표출된 것이므로 서로 이해한다.

메이난은 그룹별 업무다. 프로젝트별로 팀 구성이 달라진다. 만약 어떤 그룹이 납기일을 맞추지 못할 것 같다고 판단되면 우

156

선 사내에 통보한다. 그때는 영업 담당, 총무 담당을 불문하고 이번 프로젝트에 조금이라도 관련이 있는 직원들이 철야를 해서라도 납기일을 맞춘다.

메이난은 전 직원이 멀티 플레이어다. 어떤 부서의 일이든 일정 수준 이상 책임질 능력이 있다. 공장이 바쁘면 사무직을 전문으로 하는 담당들도 작업복으로 갈아입고 기계를 제련한다. 생산 담당으로 제품 설계가 주 업무인 직원도 언제든지 외부에 나가서 영업 계약을 따내올 수 있다. 사정이 이렇다 보니 회사에 시급히 해결해야 될 문제가 생겼을 때 담당자를 찾거나 하지 않는다. 보고를 받은 당사자가 알아서 처리한다. 주업무에 버금가는 잔업량이다.

메이난에서는 1인당 일주일에 평균 10시간 이상의 연장 근무가 보통이다. 그런데 연장 근무 수당이 없다. 더 놀라운 사실은 그럼에도 불구하고 누구 한 사람 불평하지 않는다는 것이다. 다들 당연하다는 듯이 자발적으로 연장 근무를 감수한다. 메이난 제작소는 연장 근무, 혹은 휴일 근무에 대한 명령 체계가 없다. 따라서 연장 수당도 없다.

메이난 사람들은 자기가 지금 하고 있는 일이 '경영'이라고 생각한다. 회사에 종속되어 지시받은 업무를 수행하는 것이 아니라 자주적으로 메이난이라는 회사를 자기가 이끌어나간다고 생각한다. 굳이 비교할 대상을 찾는다면 대기업에서 엄청난 연봉을 받고 있는 고위관리직이 퇴근 후에도 회사에 남아 있는 것과 비슷하다. 물론 메이난 사람들은 고위관리직도 아니지만 말이다. 어쨌든 자기가 좋아서, 편해서 회사에 남는다는 상황은 비슷하다.

그렇다면 부서별 담당은 어떻게 정하는 걸까? 인사이동은 어떤 식으로 이루어지는 걸까? 이 부분도 무척 궁금했다. 돌아온 대답은 이번에도 '역시나'였다. 모든 것이 대화와 회의다. 본인에게 희망 부서를 듣고, 그 부서 사람들과의 협의를 통해 발령이 난다. 인사이동 같은 경우는 동료의 충고가 상당 부분 작용한다. '너는 이런 업무에 능력이 있는 것 같다. 이번 기회에 이동해보는 게 좋겠다'는 식으로 조언이 오간다. 고차원적인 업무를 수행하는 동료의 조언과 자신의 생각을 정리해서 회사에 신청한다. 이를 수렴해서 그룹 담당 간에 토의가 오가고 인사이동이 결정된다.

물가 상승에 따른 출장 경비를 재검토하더라도 관계자 전원이 모여 의견을 주고받는다. 때로는 여럿의 의견을 종합했음에도 좋지 않은 결과가 나오곤 한다. 그러나 정해진 기간까지 수정은 없다. 불합리한 결정도 경험해봐야 한다는 것이다. 모순의 체험에서 다음 단계로의 발전이 싹튼다는 논리다. 잘못된 결정에 대한 대가를 충분히 치른 후 다시금 시간을 들여 직원들의 생각을 모으고 수정된 방향으로 나아간다.

메이난은 징계도 특별하다. 사장을 포함한 리더급 직원들은 잘못을 저지른 직원에게 감봉이라든가, 시말서를 제출하는 방법은 효과가 없다고 말한다. 그가 자신의 잘못을 깨닫게 될 때까지 설명하고 설득한다. 회사에 큰 손해를 끼쳤음에도 당사자에게 자유와 시간을 베푼다. 이에 대해 사장이 말했다.

"기다려줍니다. 아마 본인도 기다리는 시간이 괴로울 테지만 어쨌든 우리 모두 기다립니다."

메이난의 출발은 하세가와 사장의 독특한 사상에서 출발했다. 그리고 하세가와 사장은 자기 생각을 밀어붙이기보다 '시간'을 투자해 설득하고 호소하는 방법으로 이상적 회사를 세웠다. 독특한 학습회라든가, 소꿉장난 같은 사내 규범을 정해놓고도 그저 기다려주는 것이다.

내가 보기에 이런 방법은 조직에 낭비가 심하다. 경제적으로도 분명 손해 보는 부분이 있다. 메이난 사람들도 이 점을 인식하고 있다. 그러나 고민하거나 후회하지는 않는다. '진짜'를 만들어내는 과정에서 어쩔 수 없이 받아들여야 하는 고통이라고 생각한다.

오늘날의 메이난 제작소를 있게 한 여러 신제품만 하더라도 처음에는 꿈조차 꾸지 않았다. 밤새 일하면서도 속으로는 무리라고 체념했다. 하지만 사장은 열정을 믿고 직원들을 설득했으며, 직원들은 그들 자신이 변할 때까지 기다려주었다. 그 결과 참된 성공의 문이 열리게 되었다.

모든 일에 구애받지 않는 '초심자' 우대

가장 열심인 사람이 새로운 분야의 전문가가 된다

메이난이라는 조직에는 조직이 없다. 일명 '초超조직'이다. 직원들도 고작 100여 명 안팎이다. 대기업 하청으로 간신히 유지되는 조립 공장 수준의 규모다. 이런 곳에서 세계 최초의 목재 기계들이 연달아 출시되었고, 이를 바탕으로 엄청난 성장과 수익을 맛보았다. 나는 그 과정을 외부의 눈이 아닌 내부의 한 사람이 되어 밝히고 싶었다. 그래서 메이난의 여러 분과 인터뷰했다.

메이난을 대표하는 기술자인 쓰루다 씨는 "우리의 역사는 엣지 그루어입니다"라고 말했다. '엣지 그루어'란 단판(합판의 구성재가 되는 한 장짜리 얇은 널빤지) 접합 기계로 매우 초보적인 기계다. 옛날부터 있었고, 세계 각국의 제조업체가 당연하다는 듯 생산하고 있는 제품이다.

그러나 이 '엣지 그루어'야말로 합판 산업이 뛰어넘어야 될 영원한 숙제다. 어느 국가의 어느 회사 제품이든 단점이 존재한

160

다. 시장에 온갖 종류의 제품이 난립하고 있으나, 그중 단 하나
도 성공한 제품이 없다. 개발에 사운을 건 메이난은 당연히 '엣
지 그루어'에 뛰어들었다. 회사 초기부터 엄청난 시간을 들여
도전했다.

단판을 접합하는 방법으로 고무테이프, 종이풀, 접착제 등 다
양한 방법이 있고, 어느 정도 기계화가 진행되었다. 초기 메이
난은 기존 방법을 따라가는 것조차 쉽지 않았다. 제반 환경이
너무나 열악했던 탓이다.

"크게 실패하면 1년에서 1년 반은 손을 놓고 있었습니다. 그
러다가도 샌더가 잘 팔려서 돈이 모이면 질리지도 않는지 또 개
발했지요. 왜 안 될까, 하고 고민한 결과 잘라야 될 곳과 이어야
될 곳에 쓰는 기계가 달랐기 때문이라는 결론에 도달했어요. 우
리는 고심 끝에 이 둘을 하나로 만들기로 했습니다. 자르는 동
시에 붙이는 거죠. 그 전까지 세계의 어떤 목공기계 제조사도
이런 생각을 못했습니다. 우리가 처음 생각해냈고 마침내 성공
했지요.

샌더도 그렇습니다. 일정 속도로 회전해야 하는 샌더를 불규
칙 운동체로 바꾸면서 기능이 크게 발전했습니다. 물리학습회
의 성과였지요. 특히 샌더의 불규칙 운동은 $F=ma$에서 힌트를
얻었습니다. $F=ma$를 제대로 이해했기 때문에 성공할 수 있었
던 도전이지요."

콤포저 개발의 핵심 난제 중 하나는 접합용 요소수지였다고

한다.

당시 콤포저 개발 담당이었던 야부키 유키나리 씨에 따르면 "매일 같이 철판 위에서 수지를 녹이고, 여기에 이것저것 섞는 일이 반복되었습니다"라고 한다.

연속 접착을 위해 빨리 굳지 않는 혼합물을 발견하는 것이 목표였다. 세계에서 어떤 기업도 해내지 못한 미개척 분야였다. 당연히 설명서 같은 것은 없다. 하세가와 사장과 개발 담당들은 요소수지에 소스, 간장, 달걀 흰자위 등 손에 잡히는 대로 부었다. 마지막으로 동물 혈분(짐승의 피를 말려 굳힌 질소비료)까지 부었다. 결국에는 야부키 씨가 폴리비닐알코올(섬유, 접착제, 필름 등의 주재료)을 생각해냈고, 성공했다. 서둘러 특허를 신청하는 한편, 좋은 의도에서 동종 업계에 실험 결과를 알려줬다. 그런데 대기업에서부터 크고 작은 중소기업까지 모두 메이난을 비판했다. 그런 방식으로는 절대로 성공할 수 없다는 것이 업계의 중론이었다. 대학교의 연구소까지 찾아가서 실험을 의뢰했더니 전문가라는 사람들마저 당연히 안 되는 실험은 할 수 없다는 바람에 문전박대를 당했다. 화학 상식에 반하는 비상식적 발상이라는 얘기였다. 이 방식으로 특허를 냈다는 말에는 비양심이라며 꾸짖는 교수도 있었다. 업계와 학계에서 쏟아지는 비난을 들으며 메이난 사람들은 성공을 확신했다고 한다.

이른바 전문가는 '고정된 목적'에 집착한다. 그래서 비상식으로 여겨지는 새로운 응용에 상대도 해주지 않는다. 이에 하세가와 사장은 "전문가란 과거의 결과에 대한 전문가에 지나지 않는다. 전에 없던 새로운 결과에 전문가는 없다. 새로운 것의 출현을 믿고 그 일에 가장 열심히 도전하는 사람이 새로운 전문가가 된다"라고 주장한다. 나 또한 그 말에 전적으로 동감했다.

메이난은 화학과 기계가 접목될 수 있다고 믿었다. 화학 전문가, 기계 전문가의 비난 속에서도 그들은 묵묵히 자신들의 길을 걸어갔고, 세상이 놀랄 만한 신기술 개발에 연이어 성공했다.

하세가와 사장의 입버릇은 '구애받지 않는 마음'과 '초심자가 되라'는 말이다. 그의 말처럼 메이난은 시간이 지날수록 과거의 업적에 교만해지지 않고 더 새로운 것, 더 놀랄 만한 것, 더 위험한 것을 찾아 지금도 떠돌고 있다.

칠판에 쓰는 것만으로 의제가 되는 경영 미팅

사장이 손수 만든 우동과 함께

메이난 정례 회의는 매주 월요일 오후 다섯 시 반부터 열리는 일종의 경영 미팅이다. 사장 주도하에 경영 전반에 걸친 난상 토론이 펼쳐진다. 당면 과제에 대한 토의라기보다는 학습회나 연구회 풍경과 비슷하다. 참석자가 정해져 있는 것도 아니어서 누구든지 출석 가능하다. 별다른 테마도 없다. 하고 싶은 말, 품고 있던 생각이 곧 의제가 된다. 간식으로 사장이 손수 만든 우동과 물만두가 제공된다. 우동을 먹으면서 세계의 정세라든가, 업계 현황, 메이난에 대한 솔직한 감상들이 주요 화젯거리에 오른다.

정례 회의는 메이난 유일의 약속된 행사다. 하세가와 사장이 빠짐없이 참석하는 회의는 이것뿐이다. 그 말은 사장의 속내를 확인할 수 있는 유일한 기회라는 뜻이기도 하다. 그만큼 회의실은 언제나 만원이다. 최소 20~30명의 직원들이 모습을 비춘다.

『메이난 제작소 이야기』 원고가 완성된 직후에는 내가 쓴 원고가 출판되어도 괜찮을지를 놓고 정례회가 열렸다고 들었다.

"메이난에 대한 책이 나오는 것은 이른 것 같다", "지난 번 주간지 사건처럼 우리 모습이 왜곡될 수도 있다", "그간 가마다 씨가 쏟아부은 노력도 인정해줘야 한다"라는 다양한 의견이 나왔다.

몇 시간의 회의 끝에 "과도기에 있는 메이난의 과거를 정리할 수 있는 좋은 기회다. 세간의 오해와 편견, 그릇된 열광을 막기 위해서라도 진실하게 협력하자"라는 결론이 나왔고, 다행히 이 원고가 책으로 출판되어 독자를 만나게 되었다.

정례 회의에서 뭔가 하고 싶은 말이 있는 직원은 회의실 칠판에 미리 의제를 써둔다. 사회는 돌아가면서 맡는데, 사회자가 칠판에 적힌 의제들을 우선적으로 검토한다. 실적 보고, 출장 보고 등도 대부분 정례 회의 전에 미리 칠판에 결과를 써두고 회의가 시작된다. 회의는 밤 아홉 시쯤 끝나지만, 때로는 열기가 넘쳐 자정을 넘기기 일쑤다.

메이난은 100여 명 남짓한 중소기업이다. 그러니 이런 회의가 가능한 것 아니겠느냐고 묻는 분들도 많다. 그러나 아무리 작은 기업이더라도 매주 사장과 직원들이 한 자리에 모여 몇 시간씩 대화를 나누는 직장은 없다. 그저 부러울 따름이다.

'내가 할게요'라고 먼저 손을 든 직원이 사보 편집장

첫 안건을 낸 여사원이 기념 단행본을 만들다

메이난 제작소에는 《메이난》이라는 사보가 있다. 100여 명 안팎의 직원 규모치고는 퀄리티가 상당한 수준이다. 1970년대부터 컬러판을 고집했다.

자주성을 존중하는 메이난은 '우리도 사보를 만들어야 하지 않을까요?'라고 최초로 의견을 내놓은 직원한테 편집장을 맡겨 버렸다. 그리고 사보 만들기에 이런저런 아이디어를 제공한 직원들이 편집부원으로 사보 제작에 투입되었다.

초대 편집장은 의욕적으로 활동해서 10페이지짜리의 근사한 사보를 완성했다. 하지만 다음 달에는 일이 바빠서 페이지가 여섯 쪽으로 줄었다. 더 바쁠 때는 아예 휴간이다. 자기 휴가 때도 휴간이다. 그러거나 말거나 다른 직원들은 사보 편찬에 관여하지 않는다. 사보도 중요하지만, 이를 사보 편집장의 성장 기록이라 여기며 곁에서 지켜볼 뿐이다.

윗선의 지시에 따라 인사노무 담당자가 의무적으로 편집하고, 그 결과 감동 없는 활자들로 아까운 나무들만 희생시키는 대기업 사보에 비하면 페이지는 얇아도 내용은 알차다.

《메이난》에는 직원들이 직접 쓴 좋은 글들이 상당히 많다. 사보로 그냥 지나치기에는 아깝다는 생각이 든 스즈키라는 여사원이 "위로가 되는 좋은 문장들을 정리해서 책으로 내면 어떨까요?"라고 사장에게 제안했다.

정례 회의에서 본격적으로 논의되어 안건이 통과되었고, 담당자로 스즈키 씨가 낙점되었다. 평소 책을 좋아했던 야부키라는 젊은 남자 사원과 함께 『메이난부』라는 제목의 200페이지짜리 책이 완성되었다. 나도 이 책을 기증받았다. 독특하면서도 일하는 기쁨을 느낀 사람들 특유의 정감 어린 내용들이었다. 나도 『메이난 제작소 이야기』를 쓰면서 그 책의 도움을 많이 받았다.

『메이난부』의 제작 과정에는 비화가 하나 있다. 원고를 정리해서 인쇄소에 맡겼더니 인쇄·제본의 원가가 권당 '1천 엔'이라는 사실에 깜짝 놀랐다. 책과는 거리가 먼 기계 공장 사람들이니 무리도 아니다. 시중에 판매되는 책은 몇 만 부씩 인쇄가 들어가서 권당 가격이 훨씬 싸다. 그러나 300부 정도의 한정판은 오히려 제작 단가가 높다. 이를 몰랐던 스즈키 씨는 출간을 포기하려고 했다.

벌써 30년 전 일이다. 권당 1천 엔이라면 부담스런 액수다. 300부에 30만 엔이다. 사장에게 보고하고 중도에 포기하려는

데, 하세가와 사장이 "돈 걱정은 하지 마요. 하고 싶은 건 일단 하고 봐야지"라고 적극 협력해준 덕분에 무사히 간행되었고 사내뿐 아니라 대외적으로도 큰 반향을 일으켰다.

창립 20주년 기념지인 『행복해지자』라는 책도 이와 비슷한 과정을 거쳐 간행되었다. 사륙배판(B5) 130페이지의 호화본이다.

이 책을 마무리할 때쯤 사보 《메이난》은 한동안 나오지 않은 상태였다. 신제품 개발로 바쁘다는 핑계도 있었지만, 초대 편집장이 물러나고 2대 편집장이 된 직원이 본격적으로 출판·편집 공부를 하겠다고 나서서 공부가 끝날 때까지는 휴간을 피할 수 없다고 한다.

초대 편집장은 사보를 편찬하는 데 대한 어떤 충고도 후임자에게 하지 않았다. 후임 편집장도 물어보고 싶은 게 많을 텐데 일절 찾아가지 않는다. 기존의 선입견이 가미되면 신임 편집장만의 독특한 안목이 발현될 수 없기 때문이라고 한다. 사보 한 권 만드는 데도 개성과 자주성을 중시하는 메이난 제작소의 일면을 엿보게 된 것 같았다.

이처럼 작은 일에도 메이난 제작소는 자주성을 최우선으로 여긴다. 자유라는 틀에서 벗어나지 않는다. 명령과 지시 없이는 종이 한 장 복사하는 것이 불가능한 여타 기업 문화에서는 상상도 할 수 없는 일들이 메이난에서는 매일 같이 벌어지고 있다. 이유는 자명하다. 메이난의 중심은 기업이 아닌 인간이기 때문이다. 기업이 하는 일에는 법규가 있고 목적이 있으나, 인간이

하는 일에는 법규도 목적도 없다. 오직 F=ma와 같은 법칙만이 존재할 뿐이라는 게 메이난 사람들의 생각이다.

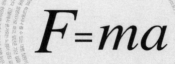

$$F = ma$$

제8장

세상에서 가장 신기한 급여 협상

사장의 월급을 직원들이 결정한다

메이난 제작소를 대표하는 '차원제'

인간을 다면적·입체적으로 평가하는 척도

여기까지 읽어온 분들은 메이난 제작소가 여느 회사와 조금 다르거나, 때로는 이상하기까지 하다는 데에 동의하실 것이다. 그중에서도 가장 이상한 점을 꼽자면 바로 '차원제'라는 급여 시스템이다. 연봉제나 호봉제는 들어봤어도 '차원제'는 들어본 적이 없다. 일본은 물론이고 전 세계에도 이런 식의 급여 책정은 존재하지 않을 것이다.

하세가와 노부히코 씨가 경제 단체 초청 세미나에서 '차원제'에 대해 설명했지만, 세미나에 참석한 중소기업 경영자와 대기업 임원들은 끝내 납득하지 못하겠다는 표정으로 돌아갔을 만큼 '차원제'는 메이난을 상징하는 마스코트라고 할 수 있다.

$F=ma$는 메이난 제작소의 기본 룰이다. 그들에게 물리 공부는 기계 작업보다도 중요한 업무다. 따라서 급여 또한 물리학적이어야 한다. 그런 고민에서 차원제가 탄생했다. 하지만 하루아

173

침에 이런 독특한 급여 시스템이 정비된 것은 아니다. 차원제가 탄생하기까지 많은 일이 있었다.

메이난 제작소의 첫 번째 변신은 1969년이다. 1969년부터 부과장 제도가 폐지되고 소집단 시스템이 자리를 잡았다. 이 해부터 차원제가 급여 협상 테이블에 올라갔다. 1963년의 물리학습회를 통해 메이난의 전 직원들은 사상적 변화를 겪었다. 그 변화는 마침내 1970년 'F=ma 선언'으로 이어진다. 직원들의 의식 변화가 경영 형태의 변화로 확장된 것이다.

메이난이 여타 기업처럼 부과장 제도를 따랐을 때는 급여 형태에 독특함이 없었다. 일반 기업처럼 승급과 호봉에 맞춰 연봉이 책정되었다. 승급도 계장 이하는 부과장이, 부과장은 사장이 도맡았다. 그런데 1968년의 마지막 부과장 회의에서 현재의 시스템은 우리의 능력대로 돈을 받는 것이 아니다, 서로가 서로를 평가하는 편이 능력에 따른 연봉제가 되고, 모두가 납득할 수 있는 급여시스템이 되지 않겠느냐는 의견이 나왔다.

인사고과는 공정성이 생명이지만, 가장 탈도 많고 말도 많은 기업 경영의 최대 난제이기도 하다. 모두를 만족시킬 수 없는 시스템임을 알면서도 어쩔 수 없이 따라가는 경우가 많다. 살아 있는 인간이 인간을 평가한다는 것 자체가 난센스다. 특히 고과 책정에서는 평가자의 주관이 강하게 작용한다. 객관성이 떨어지는 것이다. 공정한 고과 평가의 첫 번째 전제 조건은 고과 책정의 담당자가 지극히 이성적이고 객관적이어야 한다는 점인데, 인간의 능력에는 한계가 있다. 그래서 기업들은 급여 체계를 수시로 변화시키거나 상급자의 주관이 최소한으로 반영되는 식의 객관적인 급여 시스템을 찾아내려고 무진 애를 쓴다. 하지만 이것으로도 부족하다. 지나친 객관성은 능력에 따른 급여에 못 미치기 때문이다. 급여 체계를 여러모로 세분화시켰다간 인사고과라는 말이 무색해질 정도로 일의 차이에 상관없이 모두가 비슷한 돈을 받고 일하는 불평등이 심화되기도 한다. 오죽하면 노무관리는 '돈으로 시작해서 돈으로 끝난다'는 말이 진리처럼 받아들여진다. 기업 경영의 핵심은 어떻게 생각하면 '급여 그 자체'라고 봐야 한다.

물리학에 대한 이해가 높아지면서 메이난 사람들의 의식 수준이 한 단계 발전했다는 것은 이미 여러 차례 언급했다. 그리고 마침내 "타인을 평가하는 자들이 왜 자신들은 평가 대상에서 제외되는가?"라는 의문이 제기되었다. 직원들의 능력과 의식이 성장할수록 그들의 자존감도 높아져간 것이다. 부과장이 평사원의 평가 대상이 될 수는 없다는 저항의 목소리도 있었지만, 급여 시스템을 변혁해야 한다는 분위기가 팽배해지면서 변화는 피할 수 없는 운명이 되었다.

결국 사장이 나섰다. "능력과 업무시간, 개성을 한데 아우를 수 있는 보편적 척도로 급여를 책정하는 것이 옳다"라는 결론이 나왔고, 그 기준으로 '차원'이 확정되었다. '차원제'가 탄생한 것이다. 오랫동안 물리를 공부한 메이난 사람들에게 '차원'은 낯선

용어가 아니었다.

'차원'이란 인간의 자주성이다. 자주적으로 삶의 보람을 찾아 일하고, 그 일을 통해 인격적 성숙과 성장이라는 기쁨을 맛본다. 이것이 곧 기업 경영이다. 따라서 메이난 제작소에는 그에 어울리는 급여 체계, 다시 말해 '차원제'가 뒷받침되어야 하는 것이다.

지금까지는 인간을 수량으로 파악했다. 기업은 회사의 직원을 양적으로만 평가했다. 그래서 평가 항목이 늘어난다. 객관성을 갖춘 항목으로 세밀하게 평가해서 그에 맞는 급여를 지급한다는 의도지만, 실제로는 그가 보여주는 '양量'만 바라보고 있는 것이다.

과연 이것으로 충분할까? 이것으로 모두가 만족할 수 있을까? 일의 대가인 급여는 곧 자신에 대한 가치 기준이기도 하다. 인간의 가치는 내부에 있다. 헌데 외부에 나타난 자질구레한 척도로 한 사람의 개인을 기업이라는 사회가 멋대로 평가하고 값을 매긴다. 아무리 기업이라지만 지나친 자만은 아닐까?

그가 보여준 업무적 성과와 능력 외에도 그의 진짜 가치가 발휘되는 아직 발견하지 못한 무엇인가가 남아 있지는 않을까? 기업은 아직 발견하지 못한 그의 '어떤 면'에 대해서도 가치를 부여해야 될 책임이 있지 않을까? 이런 의문의 결과로 사물에 대한 관찰 시점을 바꿔 '양'에서 '질'로 옮겨가는 것이다. 그 사람의 한 가지 면만 보는 것이 아니라 다면적으로, 입체적으로 그와 마주서는 것이다. 자기 인격의 두께에 걸맞은 급여를 받아야 될 권리가 노동자에게 있다는 사상의 기준이 바로 '차원'이다. 이상이 메이난을 대표하는 '차원제'의 출현 배경이다.

지시한 업무를 간신히 수행하는 1차원, 타인을 이해하고 업무를 주도하는 2차원

차원은 교양과 인격을 측정하는 인사고과의 기준

차원제를 이해하려면 먼저 '차원'이 무엇인지부터 확실히 정리해둘 필요가 있다. 의무교육을 수료한 사람이라면 누구든 알고 있을 테지만, 한 번 더 '차원'의 개념에 대해 언급해본다.

모두가 알고 있듯이 0차원은 점点이고, 1차원은 선線이다. 1차원에는 길고 짧음이 있으나 넓이는 없다. 2차원은 면面이다. 넓이와 크기가 있고 두께는 없다. 3차원은 입체다. 인간의 눈은 3차원까지 포착한다. 4차원 이상은 형태가 없거나 느끼지 못한다. 생각에서만 가능하다.

이런 차원을 인간에게 적용해보면 어떨까. 0차원은 젖먹이다. 원숭이 단계라고 해도 좋다. 일이라는 것 자체를 인식하지 못한다. 당연히 회사에 들어올 수조차 없다. 1차원은 간신히 자기가 맡은 일을 해낼 수 있다. 여기서 한 차원 더 높아져 2차원이 되면 타인을 리드한다. 나만 생각하는 게 아니라 다른 사람까지 생각하는 것이다. 일반 기업의 부과장급이다.

이를 정리한 것이 다음과 같은 표다.

메이난 제작소의 차원 평가 기준

차원	대체적인 기준
0.5차원	아직 자기 역량을 충분히 발휘하지 못하고 있으며 남의 일에 간여할 여유라곤 전혀 없는 사람
1차원	자기 일만을 그런 대로 해내는 사람
1.5차원	선배 한 명이 같이 협조해 준다면 주어진 일을 장기간에 걸쳐 처리할 수 있는 사람
2차원	5~6명을 자신의 개성적 경험과 약간의 논리로 단단히 리드할 수 있는 사람
2.5차원	10~20명을 논리적·행동적으로 납득시켜 리드할 수 있는 사람
3차원	3차원 이하 사람들에게도 고도의 인간성 지도를 할 수 있는 사람
4차원	3차원의 사람을 리드할 수 있는 사람
5차원	4차원의 사람을 리드할 수 있는 사람

벌거숭이가 되어 서로의 차원을 평가한다

누구의 불만도 사지 않은 차원제

차원제가 태어나게 된 과정을 살펴보자.

처음 시작은 부과장들 간의 상호 평가였다. 동료의 차원을 평가한다는 것인데 부하 직원도 아닌 같은 직급의 동료, 혹은 상사를 평가한다는 게 쉽지만은 않았다. 그래서 우선은 사장이 임원들의 차원을 평가하면 임원들이 사장의 평가서를 바탕으로 서로를 평가하고, 마지막으로 각자 자신들을 평가했다.

첫 번째 평가 회의를 통해 2차원 이상의 직원들이 간추려졌고, 이들이 전 직원의 차원을 1차로 평가해보았다. 20명의 2차원 이상의 직원들이 매일 밤 열두 시까지 전 직원의 차원을 평가했으나 여간해서는 결론이 나오지 않았다.

그들은 먼저 자신들의 차원을 발표하고, 전 직원에게서 합당한 차원인지를 평가받았다. 타인의 차원을 정할 때는 다들 진지해졌다. 때로는 선배와 동료를 향해 엄격한 비판을 가해야 했다. 감정이 폭발해 회사를 그만두겠다는 반응도 꽤 있었다. 타인의 차원을 평가하기 위해서는 자신의 차원부터 인정받아야 한다. 누군가를 평가하기 전에 자신이 먼저 벌거숭이가 되어 남들 앞에 나서야 되는 것이다.

갈등과 반목, 시기, 분노, 배신감이 차원제가 정착되는 과정에서 쉴 새 없이 나타났다. 마음의 상처가 될 때도 많았으나 급여에 대한 인식이 바뀐 것은 분명한 성과였다. 단순히 먹고살기위한 월급으로 그칠 게 아니라 나만의 가치를 동료와 회사로부터 인정받았다는 만족감이 커졌다. 특히 직원간의 이해와 배려가 높아졌다. 낮은 차원의 부하가 많은 것은 전적으로 상사의 책임이며, 상사의 차원이 부족해서 상사보다 차원이 낮은 부하가 발전하지 못하게 됨을 깨닫게 되었다.

2차원 이하의 직원도 동료의 차원 평가에 참여했다. 차원을 평가할 때 무엇을 중점적으로 관찰하는지 몸소 경험하면서 자신이 성장하는 데 필요한 것이 무엇인지를 알아나갔다. 차원 평가가 100퍼센트 공개적이었기에 가능한 일이었다. 메이난의 차원제에는 비밀이란 게 없다. 개인의 프라이버시라는 것도 없다. 무조건 공개다. 그래야만 자신의 진짜 모습을 알게 되고, 개선해야 될 부분, 발전시켜야 될 부분을 알게 되기 때문이다. 나아가서는 함께 일하는 동료의 부족한 면도 알게 되어 그 부분까지 더불어 향상시켜야 될 책임을 느껴야 되기 때문이다.

2차원 이하의 직원이더라도 2차원 이상의 직원이 받는 차원제에 평가서를 제출해야 한다. 대부분의 직원들이 자기보다 높은 차원의 동료나 선배를 평가하는 데 난색을 표하지만, 나보다 뛰어난 사람을 평가함으로써 자신의 정체된 발전에 목표 의식을 더해줄 수 있다는 이유로 의무 사항이 되고 있다.

차원에 연령을 더하면 메이난의 차원제가 완성된다. 직원들은 평균 2.1차원인데, 동일한 2.1차원이더라도 나이가 많을수록 보다 많은 급여를 받는다. 50세까지 나이에 따른 급여 증가가 이루어진다. 경력자로 채용된 직원은 3년간 차원 평가 대상에서 제외된다. 3년쯤 함께 일해보지 않고는 차원을 평가할 수 없다는 이유에서다.

부과장급에서 시작된 상호간의 차원 평가가 정착된 후 사장도 차원 평가 대상이 되었다. 전 직원이 사장의 차원을 평가하는 것이다. 직원 평가에 따라 하세가와 사장이 처음에 받아든 성적표는 4차원이었다. 그 다음으로 2.9차원을 받은 직원이 있다. 차원제에 의한 급여 외에 주택 저축 수당 및 식비가 제공되고 통근 수당이나 가족 수당 등의 부가적인 수당은 일절 없다.

메이난 직원의 평균연령은 44세. 연봉은 상여금 포함 580만 엔 수준. 월수입은 평균 40만 엔이다. 금액은 정부가 발표한 표준 생계비와 물가지수를 바탕으로 기준액을 산정하고, 여기에 차원을 곱한다. 차원으로 차등을 내므로 고차원과 저차원의 연봉 차이가 클 수밖에 없다.

어찌 보면 차별적이라고 생각되는 차원제가 메이난 사람들의 불만을 사지 않은 이유가 있다. 차원이 높아질수록 '자유도'가 커지는 만큼, 고차원의 직원들은 자기가 받을 급여를 마음대로 정할 수 있어 당연히 만족도가 크겠지만, 저차원의 직원은 상대적 박탈감에 시달릴 요소가 다분하다. 그런데 고차원이 되기 위해서는 함께 일하는 동료들의 차원도 고차원이 되어야 한다. 다시 말해 같이 일하는 동료들의 차원이 낮아지면 내가 그들의 능력을 끌어내지 못했다는 뜻이므로 아무리 높은 수준의 업무를 훌륭히 해내도 고차원으로 평가받지 못한다. 저차원의 직원이 늘어나는 것은 고차원 직원의 책임이기 때문이다. 따라서 누구는 엄청난 고차원으로 상당한 돈을 받아가고, 누구는 1차원에 머물러 기본급만 받아 간다는 불균형은 사실상 불가능하다. 메이난 제작소는 중소기업이지만 급여는 대기업 수준에 버금간다. 그에 덧붙여 업무상의 자유도와 자주성이 보장된다. 그러니 직원들의 만족도가 클 수밖에 없다.

인간에 대한 평가는 얼마나 어려운 일인가

차원제를 통해 사람 보는 눈을 키운다

앞서 언급했듯이 이처럼 획기적인 차원제가 메이난이라는 조직체에 연착륙되기까지 상당한 진통이 있었다. 복잡한 사고방식과 더불어 상호 평가라는 불화의 소지가 다분한 시스템은 직원들에게 충격과 실망, 공포를 안겨주기도 했다. 반대도 많았고, 비판도 거셌다. 1988년 이후 사장은 무차원이라는 최고봉에 올라섰고, 직원들 중에는 3.15차원까지 성장한 사람이 있다. 그중 최저는 1.8차원이다.

차원 평가에서 충격을 받고 그만둔 사람도 많다. '그만두고 싶다'라고 생각한 사람도 많다. 절반 이상의 직원이 차원제 때문에 메이난을 떠날 생각을 할 때가 있으며, 공공연히 의문을 제기한다. 차원제가 실시되고 3년쯤 지나 급여 위원회가 만들어졌으나, 신입 사원들을 중심으로 매년 차원제에 대한 문제 제기가 반복되고 있다.

184

메이난에는 소위 '절대적'이라는 가치관이 없다. 차원제도 마찬가지다. 차원이라는 물리적 개념으로 직원의 능력을 평가하는 차원제는 메이난의 핵심인 동시에 계속해서 발전시키고 보완해나가야 될 골칫거리이기도 하다. 때문에 좋은 아이디어가 있으면 언제든지 문제를 제기하고 수정을 요구할 수 있다.

이렇게 말도 많고 탈도 많은 차원제에 대해 모두가 공감하는 한 가지 순기능이 있었다. 바로 인간에 대한 평가가 얼마나 어려운 일인가를 깨닫게 된 점이다. 동료를 평가하고 나를 평가하고, 이를 돈으로 환산하는 과정에서 인간에 대한 공부, 인생에 대한 공부가 자연스레 이루어졌다. 사람을 보는 눈이 저절로 키워졌다. 돈으로 살 수 없는 능력이 생긴 것이다.

차원제의 '차원'은 한 사람의 전全 인격이다. 인간을 업무라는 특정 분야에서 보여지는 한 가지 얼굴로 판단하지 않고, 그가 가진 인격을 통틀어 평가하겠다는 것이다. 평가라는 말이 좀 그렇게 느껴진다면 '감상'이라고 해도 좋다. 옆자리의 동료를, 나의 상사를, 부하 직원을 한 가지 일에 국한시켜 축소시키지 않고 하나의 우주로 여긴다. 그의 안에서 벌어지는 생각의 창조와 소멸, 능력의 발휘와 개성까지 모두 지켜보겠다는 발상이 차원 평가의 핵심이다. 따라서 차원제는 함께 격려하고 전진하려는 소망의 분출이다. 외부에서 봤을 때는 아이들 장난 같기도 하고, 말도 안 되는 논리적 협박처럼 생각되지만, 메이난이라는 내부에서는 그들이 메이난이라는 세계에 머무르는 한, 존재의 이유가 된다.

직장은 기본적으로 일하는 곳이다. 업무에서의 능력을 지속적으로 발전시켜야 회사도 살고 직원도 산다. 발전은 모두가 원하는 결과이지만, 이를 위해 어떤 방법을 쓰느냐에 따라 생각지도 못했던 문제와 갈등이 발생한다. 직장의 숙명이라고도 할 수 있다. 이런 숙명을 해결하기 위해 메이난은 차원을 생각했다. 학력이 높고 전문 지식을 갖췄다고 해서 그가 발전하는 것은 아니다. 머리가 유연하지 않고서는, 인생이 개방적이지 않고서는 창조적 개발이 불가능하다. 이를 인식하고 업무적 수행 능력이 아닌 개인의 전 인격을 발전시키자는 것이 차원제가 출현한 진짜 이유다.

좋은 의도이기는 한데, 차원 평가를 급여로 연결시키는 것이 과연 타당한지에 대해서는 메이난 제작소도 고민이 많다. 아마도 이 고민은 메이난이 존속되는 한 영원히 계속되리라고 본다.

마오쩌둥은 "급료는 충분히 지불되어야 한다. 대신 지나치게 충분히 지불하는 것은 좋지 않다"라고 말했다. 차원제에서는 1차원과 4차원의 연봉 차이가 무려 16배다. 이것이 가장 현실적인 문제다. 메이난은 차원제에 따른 차별을 완화시키고자 직원의 차원뿐 아니라 회사의 차원도 높여가려는 노력을 거듭하고 있다. 금전에 의한 복지에서 한 단계 더 발전된 고차원적인 사원 복지를 모색하고 있다.

186

매번 지급 방식이 달라지는 보너스

'일본 제일' 이라고 자부하는 직원 자가肄家제도

매달 받는 급료는 차원제로 결정되고, 보너스는 급여 위원회에서 지급 방식이 결정된다. 급여 위원회는 멤버가 수시로 바뀐다. 그리고 멤버가 바뀔 때마다 지급 방식이 크게 달라진다. 회사의 매출이나 경제 상황이 아닌, 직원들이 그때그때 가장 필요로 하는 방식으로 보너스 기준이 산출되기 때문이다. 때로는 차원제와 비슷하게 보너스가 산출되고, 때로는 전 직원 균등 배분, 때로는 단순 기여도에 따라 상여금처럼 보너스가 지급되기도 한다.

메이난 제작소는 '대우해주지 않는다'가 원칙이다. 그래서 승진 기회도 없고, 호봉도 기대할 수 없고, 야근 수당, 휴일 수당도 없으며, 보너스도 언제 줄지 알 수 없는 곳이다. 차원제라는 해괴망측한 차별적 급료 시스템까지 고려한다면 직원 복지는 제로 수준 정도가 아니라 마이너스에 가깝다. 밖에서 보기에는 착취처럼 비춰질 수도 있다. 그러나 딱 한 가지, 일본의 어떤 기업에서도 실행한 적이 없는 사원 복지 우대책이 있다. 이것 하나를 두고 메이난 사람들은 '일본 제일'이라고 자평한다. 바로 '직원 자가제도'다.

고속 성장과 더불어 마이카My car 열풍, 레저 붐이 일었다. 그에 비해 주택 시장은 오히려 경직되었다. 직장에 다니는 평범한 샐러리맨이 내 집 한 채 보유하기가 쉽지 않은 세상이 되었다. 직장인에게는 집이 가장 큰 재산이다. 회사에 다니면서 번듯한 내 집 한 채 마련했다는 뿌듯함은 무엇과도 바꿀 수 없는 수십 년 직장 생활의 성공 척도인 것이다. 집이 있어야 결혼하고 자녀도 낳아 마침내 '가정'을 이룰 수 있다.

메이난 제작소는 일찍부터 이 점을 주목했다. 도시가 팽창하면서 땅값이 오르고 부동산 수요가 폭발적으로 증가될수록 평범한 직장인의 내 집 마련은 엄청난 목돈의 장기 주택 대출 없이는 꿈도 못 꾸는 세상이 되었다. 그러나 메이난의 직원들은 20대에 이미 자기 집을 한 채씩 가지고 있다. 회사에서 구입한 아파트 사택이나 조립식 주택이 아니다. 회사에서 땅을 사고 그 위에 단체로 집만 짓고 사는 편법도 아니다. 자기가 원하는 곳에 직접 설계해서 누가 목공기계 엔지니어 아니랄까봐 최고급 목조 주택을 짓고 산다. 전 직원 110명 내외의 기계 공장 직원들이 주택 잡지에나 나올 법한 최신형의 전원주택을 소유하고 있는 것이다. 이것이 메이난의 가장 큰 자랑거리다.

그렇다면 어떻게 이런 일이 가능해졌을까. 메이난에서는 직원이 은행에 저축한 돈을 '노력액'이라고 부른다. 회사는 이와 똑같은 액수만큼 아무 조건 없이 지급해준다. 이 돈은 보너스도 아니고, 상여금도 아니고, 차원제에 포함된 연봉도 아니다. 퇴직금도 아니다.

예를 들어 100만 엔을 은행에 저축했다고 치자. 회사에 저축액을 보고하면 다음 달 월급에서 100만 엔이 추가로 통장에 입금된다. 그래서 사원들은 보다 많은 돈을 회사로부터 뜯어내기 위해 저축에 열심이다. 또 어느 직원이 월급의 30퍼센트를 저축하겠다고 회사와 약정을 맺으면 약정 기간까지 매달 월급의 30퍼센트가 보조금으로 더 나온다. 이렇게 모인 원금에 약간의 대출을 더해 집을 짓는 것이 메이난 직원들의 상례다.

내가 이 책을 쓰던 당시에 메이난의 최연소 직원은 이십대 초반의 도비다 노부아키라는 청년이었다. 그도 직원 자가제도를 통해 내 집 마련의 꿈을 실현시켰다. 대학원생 내지는 기업 초년생에 불과한 나이에 자기 월급을 모아 대지 48평을 구입하고 그 위에 방이 네 개인 건평 23평짜리 목조 주택을 지었다.

이밖에도 부수입으로 주식 배당금을 빼놓을 수 없다. 메이난 직원들은 평균 자기 연봉의 30퍼센트에서 많게는 50퍼센트까지 주식 배당금으로 받고 있다. 차원이 낮게 평가되어 연봉이 적게 책정된 직원들도 이 주식 배당금을 통해 고스란히 수입을 회복할 수 있다. 회사를 그만둘 때는 세무서에서 평가한 시가대로 회사가 주식 전부를 매입한다. 회사를 그만두면 퇴직금에 주식 매매금이 더해져서 지불되는 것이다. 메이난의 정년퇴직자는 주식 매매만으로도 평균 천만 엔 넘게 가져간다고 하니 그야말로 웬만한 기업의 퇴직금에 해당하는 돈이 보너스로 주어지는 셈이다.

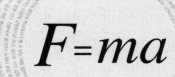

제9장
_____
단 한 사람을 1년에 걸쳐 채용한다

'대우해주지 않는다'라고 미리 밝혀도 몰리는 지원자

'아무 기대도 말고 오직 물리를 공부한다는 각오만 할 것'

구직자들의 마음을 울리는 메이난의 경영 이념

과거의 메이난 제작소는 무명의 소기업에 불과했고, 사람을 구하는 데 갖은 고생과 차별을 경험했다. 지금은 그 시절이 떠오르지 않을 만큼 평판이 높아져 입사를 원하는 젊은 인재들이 쏟아지고 있다. 구인 광고도 전국의 모든 대학에서 요구하게 되어 아예 간행물을 발행했다. 그런데 그 내용이 매우 독특하다. 전례가 없는 구인 광고다. 아무리 메이난 제작소라고 해도 이건 너무 이상하다는 생각이 들었다.

우선 구인 안내서부터 보자. 입사 조건이 다음과 같다.

"만일 자네가 입사하게 된다면 물리학 기초부터 다시 배워야 할 거야. 그리고 아무것도 기대하지 않는 게 좋을 거야."

일본에는 수백 만 개의 회사가 있고, 그중 구인 안내서를 발간할 크기의 기업은 130만 개에 달한다. 매년 130만 개의 구인 안내서가 발간되는데 "아무것도 기대하지 않는 게 좋을 거야"

라고 말하는 회사는 메이난밖에 없다. 더군다나 우리 회사에 입사해서 열심히 일해달라는 것도 아니다. "물리학 기초부터 다시 배워야 한다"고 경고한다. 아무리 자유분방한 학생이더라도 이런 안내서를 읽으면 기분이 나빠질 것이다. 그런데 수많은 대학 졸업생들이 메이난에 입사 지원서를 제출한다. 대체 이유가 뭘까. 구인 안내에서 밝힌 메이난의 경영 이념이 청춘의 마음을 울렸기 때문이다.

다음은 구직자들의 마음을 울린 구인 안내서의 일부다.

물리학의 기본 원칙부터 이해하는 게 좋을 거야!

100만 년 전 인간은 고릴라를 이기지 못했어.

그러던 어느 날 한 남자가 고릴라와 싸워서 이겼지. 그 남자는 부러진 가지 끝에 뾰족한 돌을 매달아 고릴라의 머리통을 사정없이 갈겼던 거야. 인간이 달에 착륙한 것 이상의 사건이었지. 사람은 스스로 도구를 생각해냈고 고릴라를 쓰러뜨렸어. 그런데 고릴라는 지금도 도구를 만들어내지 못해. 스스로 생각하는 '사람의 방식'을 따라가지 못하기 때문이야. 그에 비해 우리는 계속해서 생각했고 우리 주변을 생각한 대로 변화시켰어.

양복, 바지, 구두, 손목시계……. 자네가 입고 있는 것 중 자네가 생각해서 만들어낸 게 있나? 모두 인류의 선배들이 생각해서 만든 것뿐이야. 그리고 우리는 고릴라가 아니지. 생각하는 힘을 가진 인간이다. 우리 생애가 생각하는 힘으로, 생각하는 감동으로 새롭게 채워져야 하는 건 우리가 고릴라가 아니기 때문이지.

기본 원칙만 지킨다면 자유로운 행동을 보장해주지!

우리는 사람들에게 도움 되는 것을 만들어내고, 거기에서 인간만이 느낄 수 있는 기쁨을 찾고 있어. 이런 행위가 우리의 '일'이야. 혼자 할 수 있는 일도 있지만 보다 효과적인 성공을 위해 다 같이 바라볼 수 있는 목적을 정해놓고 집단화를 구축했어. 현대사회에서 말하는 '기업'인 셈이지.

기업이란 가지 끝의 돌멩이처럼 이미 존재하는 가치야. 이 틀에 나를 어떻게 끼울 것인가, 하고 자네는 항상 고민하고 있지. 기업도 마찬가지야. 어떻게 하면 자네를 미리 만들어놓은 상자 속에 가둘 수 있을까, 항상 고민하고 있어. 그쯤 되면 기업에도, 자네의 가슴 속에도 '일'은 없는 거야. 다시 한 번 말해두지. 우리는 고릴라가 아니야.

메이난이라는 집단은 아주 작은 기업이야. 하지만 우리는 '일'하는 기업이야. 한 사람, 한 사람이 집단의 성공이 아닌 자신의 성공을 향해 일하고 있어. 다만 자기의 성공을 위해 집단이라는 형체를 만들어 도움을 받고 있다는 점이 다른 기업들과의 차이점이겠지.

자네는 지금 벨트 컨베이어 위에 서 있어. 과연 어디로 가게 될까? 인생은 돈이나 오락, 지위로 결정되는 공허한 것이 아냐. 오해해서는 안 돼. 자네 팔로 자기 인생을 개척해야 돼. 자네 안에는 그럴만한 충분한 용기와 정열이 있어!

일이 곧 인생에 대한 탐구가 되는 살아 있는 현장으로 올 생각은 없나? 나를 통해 모두가 감동할 수 있는 집단의 일원이 될 생각은 없나?

우리는 지금 110명이야. 110명이 개발부터 영업까지 도맡고 있지. 우리는 다섯 개의 개발 팀으로 구성되어 있고, 각 팀마다 영업, 설계, 자재 공급, 가공의 업무를 독립적으로 수행하고 있어. 팀원 한 사람이 두 가지 이상의 업무를 수행하게 될 수도 있어. 무조건적인 지시에서가 아니라 자기 능력에 따른 업무 범위를 팀원 간의 미팅을 통해 결정하는 것이기 때문에, 자네 능력이 부족하다면 두 가지 이상의 업무는 맡기지 않을 거야. 개발팀의 총괄적 지원팀으로 총무, 영업, 기술, 외주팀이 있고, 이미 상품화된 제품의 생산은 외주 협력 공장에 의존하고 있어.

사는 보람의 가속도를 높이자!

우리의 구성은 현재 시점에서 그렇다는 얘기고, 세상이 바뀌고 시장이 바뀌면 그때그때 달라지겠지. 다만 변하지 않는 것이 하나 있어. 직원 한 명이 하나의 분야에서 전문가가 되는 일은 없을 것이라는 점이야. 메이난의 직원들은 모든 분야에서 자기 능력을 성장시켜야 돼. 이것이 우리의 기본 정신이고, 이 정신을 우리는 '과학하는 마음'이라고 불러. 과학하는 마음이란 사실에 대한 인정이야. 눈에 보이는 사실을 인정하게 되었을 때 우리는 모든 일을 할 수 있게 돼. 일이 인간을 만드는 게 아니라 인간이 일을 만드는 세상이 완성되는 것이지.

만일 자네가 입사하게 된다면 물리학의 기초부터 다시 배워야 할 거야. 그리고 아무것도 기대하지 않는 게 좋아. 대신 창조라는 예민한 감동을 우리가 함께 나누게 될 것이라고 약속하겠네.

한정된 지면에서는 우리의 사고방식을 제대로 설명하기 힘들군. 자네가 조금이라도 우리에게 관심을 갖게 되었다면 언제든 마음 편히 우리가 일하는 곳으로 찾아와!

대부분의 회사는 규모와 복지 후생 시설로 학생들을 현혹한다. 그에 비해 메이난의 구인 안내서는 젊은 정신에게 기업의 진리를 호소한다. 감동할 수밖에 없다.

《중앙공론》의 경영특집호에는 매년 한 차례씩 대기업의 신입사원 채용 공모가 실린다. 메이난 제작소는 히다치, 미쓰비시, 도시바, 신일본제철과 같은 매머드급 회사와 더불어 당당히 페이지를 배당받았다. 그리고 위와 같은 내용의 독특한 구인 안내서로 거대 기업들을 부끄럽게 만들고 있다. 참으로 통쾌한 일이 아닐 수 없다.

대답만 잘하는 명문대 출신 엘리트는
메이난에 올 수 없다

스스로 생각하는 '과학하는 마음'이 무엇보다 중요

급료도 밝히지 않고, 회사에 아무것도 기대하지 말라고 하면서도 물리학을 기초부터 공부하라는 메이난의 인사 채용이 배짱 영업처럼 보여도 젊은이들의 환영을 받는 까닭은 첫째로 채용 기간이 연중 계속 어어지기 때문이다. 언제든 자기가 원할 때 회사에 입사 지원서를 제출할 수 있다. 정원도 따로 정해져 있지 않다.

학력도 보지 않고 수료학과도 보지 않는다. 중졸이든 대졸이든, 공과대학생이든, 문과대학생이든 상관없다. 이유는 다음과 같다.

"자네가 지금까지 배워온 것을 활용하는 게 중요해. 자네도 그렇게 되기를 원할 테고. 하지만 배워온 것에 구속되는 것 또한 위험하지. 왜냐하면 자네가 그걸 배우는 데 걸린 시간은 인생의 10분의 1도 안 되기 때문이야. 우리가 보고 싶은 것은 자네가 품고 있는 의욕과 정열이다. 그 두 가지만 있으면 어떤 일이든 해낼 수 있다는 것을 알고 있으니까."

입사 지원서를 제출했다면 다음 절차는 회사 방문이다. 비슷한 또래의 선배들이 일하는 모습을 곁에서 관찰하고 그들과 대화한다. 이어서 견학 실습을 권장한다. 사전에 전화로 시간을 협의하면 회사 방문은 자유다. 그리고 나서도 입사하고 싶다는 의사가 확고해졌다면 다음과 같은 과정을 거쳐 정식으로 입사한다.

(1) **면담**(평소 생각과 장래희망 묻기)

(2) **시험**(물리와 수학 영역)

(3) **가(假)입사**(원칙적으로 2개월)

(4) **면담**(서로의 의지를 재확인)

가장 어려운 것은 물리 테스트다. 메이난은 물리 경영이므로 당연하다. 물리 테스트 문제는 사전에 공표된다. 메이난 입사를 희망하는 이들에게 미리 문제지를 전달한다. 집에 가서 미리 답을 구해 와도 상관없다. 게다가 지난 10년간 같은 문제가 출제되었다. 그러니 지원자들 모두 미리 답을 암기하거나 한 번쯤 풀어보고 시험장에 들어선다. 결과는 거의 다 만점이다. 그런데 메이난식 채점 기준으로는 합격점인 60점을 받기가 쉽지 않다.

메이난식 채점은 왜 이런 답이 도출되었는가에 대해 이유를 설명해야 한다. '책에서 봤다', '교수님에게 그렇게 배웠다'라고 대답했다간 낙제다. 틀려도 좋으니까 생각나는 대로 설명해야 된다. 그렇다고 너무 억지를 부려 대답해버리면 근거를 제시하라고 추궁당할 테니 함부로 튀어서도 안 된다.

메이난은 개발 엔지니어링 회사다. 유연하고 독창적인 두뇌를 필요로 한다. OX식의 암기 학습으로 명문 대학을 졸업한 소위 '엘리트'들은 메이난에 적응하지 못한다. 그런 친구들은 일찌감치 떨어질 수밖에 없다. 메이난은 '스스로 생각하는 사람', '과학하는 마음을 갖고 있는 사람'을 찾고 있다. 그 기준에 미달하는 지원자는 사장의 친척이더라도 입사 시험에서 불합격 통보된다.

메이난 제작소 입사를 위한 물리 시험(매년 똑같이 출제된다)

1. 아래와 같은 물리량의 의미를 설명하라.

   a) 가속도   b) 중력   c) 마찰력   d) 에너지

2. 그림을 보고 답하라.

   a) M이 바닥에 고정되어 있는 경우 M_2의 가속도 a를 구하라.

   b) M_1과 M_2를 잇는 끈의 장력張力 T를 구하라.

   c) M_1과 M_2가 M에 대해 상대적으로 운동하지 않도록 하기 위해서

   는 M에게 어느 정도로 수평력 F를 가해야만 하는가?

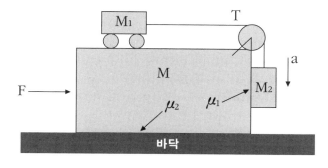

1년 동안 도전한 지원자에게
사장이 손수 불합격 파티를 열어주다

구인난 시대에도 납득되지 않으면 채용하지 않는다

메이난 제작소 입사 시험의 감독관은 누구일까? 바로 "이번엔 내가 면접 테스트를 보겠다"라고 나서는 직원이다. 앞서 설명했듯이 메이난에는 정해진 조직이 없다. 인사 파트도 당연히 없다. 그 말은 메이난 직원이라면 누구든지 인사 업무에 관여할 수 있다는 뜻이기도 하다.

대외적으로는 총무 담당이 인사 업무 전반을 책임진다. 사무계 직원이 대학교를 방문하거나, 관공서와의 협의를 맡고 있는데, 인사권이 주어진 것은 아니다.

수십 년 동안 쌓아올린 노력으로 회사가 이만큼 성장했다. 이상한 녀석이 들어와서 망치는 꼴은 못 본다, 라고 사명감에 불타는 선배가 채용 테스트에 직접 참여해 마음에 드는 인재를 고르는 식이다. 물리 테스트 채점은 입사 3년차들 몫이다.

일류 대학 공과 졸업생이 야간공고를 졸업한 동갑내기 선배들

202

에게 닦달당하는 풍경이 메이난에서는 신기한 일이 아니다. 대기업이 원하는 스펙 좋은 일류 대학 졸업생들도 지방의 목공기계 공장에서는 코가 납작해지기 일쑤다. 떨어졌다는 통보에 충격을 받아 세 번, 네 번 도전한 끝에 겨우 입사한 도쿄의 명문대 학생도 적지 않다.

유명한 모 국립대학의 공과 졸업생은 무려 1년 동안 끝없이 도전했으나 결국 또 떨어지고 말았다. 보다 못한 사장이 "마음 같아서는 합격시켜주고 싶은데 미안해 죽겠구먼. 그래도 1년 내내 도전한 용기는 정말 대단한 거야"라면서 불합격을 기념하는 파티를 최고급 요릿집에서 성대하게 베푼 적도 있다.

감독관을 맡은 직원들도 "만일 지금 내가 시험을 봤다면 떨어졌을지도 모릅니다. 하지만 회사를 지키고 키워나가기 위해, 또 시험을 치르는 친구들을 위해 어쩔 수 없습니다"라고 말한다. 일본의 경제 발전이 극에 달했던 80년대부터 90년대 초반은 구인난 시대였다. 기업마다 사람을 구하지 못해 아우성이었다. 하지만 메이난은 그런 시대에도 한 해에 서너 명밖에 채용하지 않았고, 어떤 해에는 무려 300명에 달하는 인원이 입사 지원서를 제출했지만 단 한 명도 채용하지 않았다. 그 바람에 직원들은 일손이 부족해 밤샘을 거듭했으나 그들 스스로 선택한 결과였기에 불평하지 않았다.

이런 식으로 한 사람을 채용하기까지 평균 3개월이 걸리고, 길게는 1년도 걸린다고 하니 인사 채용도 역시 메이난답다.

찻잔에 파리가 들어가는 테스트

부족함이 있더라도 이왕이면 심술궂은 녀석을 채용한다!

물리 중심의 입사 테스트는 초기부터 있었다. 기존 직원들도 사장으로부터 간단하지만 물리 테스트를 받았다. 그중 한 직원이 회고하는 흥미로운 입사 테스트에 얽힌 일화를 소개해보기로 한다.

나와 메이난의 역사

—스기모토 고지

유년 시절 내 꿈은 프로 바둑 기사였다. '미래를 읽는다'라는 재미에 푹 빠져 있었기 때문이다. 그랬던 내가 중학교를 졸업하고 메이난에 입사했다. 내가 읽었던 미래가 '우연' 때문에 바뀌었던 탓이다. 중학교를 졸업할 무렵에는 집안 사정이 좋지 않아 어린 나이임에도 일을 해야 했다. 어차피 '남에게 의지할 바에는 힘 있는 사람에게 의지하는 게 좋다'라는 이해타산과 연수생 제도에 매력을 느껴 '천하의 미쓰비시'에 지원했다. 단순 조립공이기는 해도 일하면서 공부할 수 있는 곳은 미쓰비시 같은 대기업뿐이었다. 게다가 연줄도 있었다. 내 나름의 수읽기에서는 당연히 합격이었다. 그런데 2차 시험에서 떨어졌다. 나의 수읽기가 부족했다기보다는 연줄에 의지하느라 내 나름의 능력을 보여주지 못한 이유가 컸다. 어린 나이에 사회의 첫발을 내딛자마자 실패를 경험했다. 기술을 갖춰야겠다는 생각이 절실해졌다.

어쨌든 고등학교는 나와야겠다 싶어 야간학교 통학이 가능한 공장을 수소문했다. 어느 날 담임이었던 모리시다 선생님이 찾아오셔서는 대뜸 "가자"고 하셨다. 선생님이 끄는 자전거 뒤에 타고 도착한 곳은 허름한 사무실이었다. 미쓰비시와는 비교도 안 되는 열악한 곳이었지만 상관없었다. 문을 열고 들어가서 소파에 앉아 있는 동안 별 생각이 다 났다. '이런 규모라면 다른 공장도 많으니까 여기서 떨어지면 다른 데나 알아보자'라는 생각도 있었다. 얼마 안 있어 털보에 장화를 신은 궁상스런 차림새의 남자(눈빛만은 날카로웠던 것으로 기억한다)가 들어왔다. 그는 모리시다 선생님과 몇 마디 나누더니 내 얼굴을 쳐다보았다. 시험이 시작된 것이다.

"여기에 찻잔이 있네. 지금 파리 한 마리가 찻잔 속에 들어갔어. 탁, 하고 뚜껑을 닫아 밀봉했지. 이 찻잔을 저울에 올려놓으면 찻잔 속에서 날아다니는 파리의 무게가 저울에 나타날까?"

"나타나야죠."

"가만히 앉아 있는 게 아니라 날고 있다니까?"

"그래도 파리가 찻잔 안에 있는 거잖아요. 그럼 찻잔 무게에 더하는 게 맞아요."

"음, 알았어. 이상 끝."

합격도 아니고 불합격도 아니었다. '나간다'라며 일어서는 남자를 붙잡고 통학이 가능하냐고 다시 한 번 물었다. 요즘의 입사 시험과는 너무도 달라 거짓말 같지만, 그날 나는 합격했다. 야간 고등학교에 진학해서는 전기과를 택했다. 나중에 듣고 보니 내 대답이 기본 법칙을 무시하려는 오기처럼 들려서 이 녀석 꽤 심술궂네, 라고 생각하며 합격시켜줬다고 한다.

야간고등학교에 다닐 돈을 마련하기 위해 잠깐 일할 작정으로 메이난에 입사한 스기모토 씨는 메이난 제작소의 매력에 이끌려 지금도 일하고 있다. 뿐만 아니라 메이난의 중추로서 대활약하고 있다. 그가 만약 미쓰비시에 입사했다면 어떻게 되었을까? 과연 지금의 스기모토 씨 이상으로 성장했을까? 인간의 운명은 알 수 없으므로 미쓰비시에서 더 큰 성공을 이루었을지도 모른다. 그러나 자기 힘으로 일하고 있다는 희열만큼은 지금보다 크지 않았을 것이다.

진실을 추구하는 눈동자가 빛난다

기본으로 돌아가는 것이 몸에 밴 학습회

구인 안내 광고를 보고 공장을 방문하는 청년들이 많다. 과연 그들은 메이난 제작소를 어떻게 보았을까.

사보 《메이난》에 어느 학생이 쓴 방문 수기가 실려 인용해본다. 그의 솔직한 감상을 통해 오늘날 청년들이 원하는 직장상, 그리고 메이난 제작소의 특색이 그들 마음속에 어떤 모습으로 새겨졌는지 알아보기로 한다.

학문이란 기본으로 돌아가는 것

−와세다 대학 나카시마 신이치

나는 다이아몬드 출판사에서 나온 취직 가이드북을 통해 메이난을 알게 되었다. 그 책에 실린 메이난의 구인 안내서를 읽고 포로가 되었다. 입사를 준비하던 회사가 있었지만, 메이난 제작소라는 곳이 머릿속에서 아른거려 참을 수가 없었다.

인생은 우연을 계기로 새롭게 만들어진다. 수많은 우여곡절에는 우리가 미처 깨닫지 못한 깊고 넓은 의미가 숨어 있다. 오늘이라는 현실이 그렇게 만들어진다.

메이난 제작소를 3주일 동안 방문하면서 느낀 점을 글로 써본다. 우선 직원들 표정에 가식이 없었다. 있는 그대로의 자기를 거침없이 드러냈다. 도쿄라는 대도시에서 성장한 내겐 그 자체로 충격이었다. 겉으로 보기엔 소박했지만, 그 이면에는 과학하는 마음이 깔려 있었다. 꾸미지 않는 모습으로 현실과 마주할 각오가 되어 있었다.

처음부터 이상하게 생각했던 것이 있다. 직원들의 눈동자가 하나같이 아이들처럼 맑았다. 별처럼 반짝이고 있었다. 어째서 그런 시선으로 기계를 바라볼 수 있는지 궁금했다. 그런 한편으로 나도 저런 눈으로 세상을 바라보고 싶다는 욕망이 끓어올랐다. 메이난 사람들의 눈은 분명한 목적을 보고 있었다. 회사나 개인의 영달이라는 단순한 목적이 아니었다. 보다 의미 깊고 보다 많은 사람들에게 도움을 주고 싶다는 구도자와 같은 목적이었다.

월요일의 학습회, 화요일과 수요일의 뉴턴 물리동호회에 참가하면서 공부에 대한 나의 고정관념이 무너졌다. 나름대로 명문 대학 학생이라는 자부심이 있었으나 이곳에서 처참하게 무너졌다. 내 머릿속에서 혁명이 일어나는 기분이었다. 뉴턴 물리동호회는 과학하는 마음이 무엇을 추구하는지 확인시켜 주었다. 단순한 지식 습득이 아닌 겸손한 눈으로 세상의 바탕을 매 순간 확인하려는 의지, 진실을 추구하려는 진지한 태도야말로 학문의, 공부의 진짜 이유임을 나에게 가르쳐주었다.

학습회의 주제는 간단했지만, 결코 간단하게 접근하지는 않았다. 가장 기본적인 원리로부터 세상에 없는 개발과 창조를 이뤄내는 그들의 모습에 어설펐던 내 자신이 부끄러워졌다. 나는 그저 암기하고 있었을 뿐, 몸으로 익혔던 것은 아니다.

뉴턴 물리동호회에서 학문이란 기본으로 돌아가는 것임을 뼈에 사무치도록 배웠다.

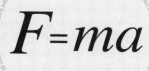

제10장

내일을 개척하는 조직

미래가 더 궁금한 메이난 제작소의 성공기

"얽매이지 마라, 구애받지 마라, 치우치지 마라"

정해진 것에서 벗어났을 때 인간은 성장한다

메이난 제작소를 이해하기 위해서는 F=ma를 보다 깊게 이해해야 한다. 그래서 다시금 F=ma를 생각해보는 시간을 가져본다.

메이난 제작소의 공장 천장에 '메이난은 21세기의 대장간'이라는 표어가 걸려 있고, 맞은편에는 '목적은 무엇인가. 얽매이지 마라. 구애받지 마라. 치우치지 마라'고 쓴 커다란 표어가 걸려있다. 이것이 F=ma의 세 가지 마음이며, 심오한 경지라고 하세가와 사장은 말한다.

나아가서는 F=ma에도 구애받지 말라고 한다. F=ma에 구애받기 시작하면 F=ma는 요괴가 된다. 하지만 그렇게 되는 것도 나쁘지 않다. 어떤 결과에도 얽매이지 않는 것, 그것이 곧 F=ma의 참뜻이기 때문이다.

인간이 성장하려면 구애받고 치우치고 얽매여야 한다. 그리고 다시 이 모든 것들을 뚫고 나가야 한다. 넓은 바다에 혼자 작은 배를 타고 떠다녀도 외롭지 않을 때가 있다. 지켜봐주는 태양과 감싸 안아주는 바다를 인식했기 때문이다. 뒤에서 밀어주는 바람을 자각했기 때문이다. 그 마음이 F=ma의 정체다. 선문답처럼 들릴지도 모른다. 그러나 확실한 것은 차원이 높아질수록 만지고 눈으로 보는 것이 어려워진다. 느끼고 생각하는 것이 실체가 된다.

다시 한 번 차원을 설명하자면 3차원부터는 오직 결과로서만 파악된다. 과정이 우리 눈에 보이지 않는다. 그 배경을 파악하고 싶다면 '왜?'라는 추리가 필요하다.

3차원의 결과물인 물체를 변화시키는 힘이 4차원의 힘이다. 그것이 바로 시간이다. F, 즉 힘은 물체의 형태를 변화시키거나 운동의 양태를 변화시키는 원인이며, 이런 힘은 눈에 보이지 않는다. 시간은 눈에 보이지 않는다.

세계적인 수학자 오카 키요시는 4차원인 시간에 대해 이렇게 정의했다.

"시간은 정서다."

정서는 감정이다. 따라서 느껴지는 것이 전부다. 힘과 시간은 정서다. 이를 이해하고 터득하게 되면 모든 것을 변화시킬 수 있고, 파악할 수 있게 된다. 이를 위해 메이난은 F=ma를 학습한다. 참고로 5차원은 에너지, 6차원은 인간의 마음이라고 하세가와 사장은 말한다.

4차원은 정서다. 사물의 본질을 예리하게 파악하는 대문호는 4차원 이상이다. 그런 의미에서 하세가와 사장은 나쓰메 소세키를 높이 평가하고 있다. 하세가와 사장은 사보《메이난》에 F=ma를 이해하고 싶다면 대문호에게 배워야 한다고 썼다. 그중 일부를 소개한다.

"자기 술을 남에게 선물합니다. 나중에 그 맛이 어떠한지를 듣고 그 맛을 똑같이 느낍니다. 그리고 그 맛을 가르칩니다. 흉내처럼 보이지만 실은 흉내가 아닙니다. 흉내조차 못 되는 겁니다."

―『나쓰메 소세키 전』 중 사보《메이난》에서 언급된 부분

타인의 의견을 그냥 받아들였으면서 자기가 생각한 의견인 것처럼 말하는 사람이 있다. 생각하고 또 생각하고 또 생각해서 타인의 의견을 검증하고 받아들여서 마치 나의 고유한 의견처럼 다른 사람 앞에서 말할 수 있게 되었더라도 머잖아 세상이 간파하게 된다. 과학은 내가 쓰고 있는 색안경을 떨어뜨려주는 유일한 도구다.

―하세가와 사장의 평

"어떤 책을 읽더라도 나는 부대 속에서 나오지 못했습니다. 런던 시내를 아무리 돌아다녀도 내가 갇힌 부대를 찢을 만한 무엇인가

가 보이지 않았습니다.

하숙집에서 곰곰이 생각했습니다. 아무리 책을 읽어도 요깃거리조차 되지 않는다고 생각하며 포기했습니다. 그 후로 나는 예술에 대한 나의 입지를 굳힌다기보다는 새로운 건설이 필요하다는 결론에 도달했습니다. 말하자면 자기본위自己本位입니다. 오직 자기본위라는 네 글자를 입증하기 위해 과학적인 연구와 철학적인 사색에 몰두하게 된 것입니다."

―『나쓰메 소세키 전』 중 사보《메이난》에서 언급된 부분

나쓰메 소세키라는 대문호가 어떻게 『도련님』 같은 서민풍의 작품을 쓸 수 있었는지, 문학 교수가 어떻게 도쿄 대학에 물리학을 확립시킨 테라다 도라히코 같은 대과학자를 육성할 수 있었는지, 위의 글을 읽어봄으로써 깨달을 수 있었다.

―하세가와 사장의 평

어떻게 되는 것이 아니라, 어떻게 하는 것이다

나선상의 기본으로 돌아간다

어느 날 저녁 사장 이하 간부들과 식사를 하던 도중에 '학문은 기본으로 돌아가야 된다'라는 말이 무슨 뜻이냐고 물어본 적이 있다. 하세가와 사장은 '나선'을 끄집어냈다.

나선이란 1차원인 선이면서 동시에 변화하여 입체적으로 나아가는 4차원의 존재이기도 하다. 나사는 나선이며, 나사를 사용하지 않는 기계는 세상에 존재하지 않는다. 인간 생명의 기본 정보를 간직하고 있다는 DNA도 이중나선의 형태다.

그러고 보니 괴테는 '이름의 본질은 나선이다'라는 말을 남겼고, 스티스킨이라는 학자는 '소용돌이는 우주의 수수께끼를 푸는 열쇠다'라고 말했다. 우주 전체가 거대한 성운의 소용돌이(나선)로 이루어져 있다는 주장이다.

나선의 발전을 그림으로 그려보면 이해가 쉬울 것이다. 다음 그림의 A와 B에 주목하자.

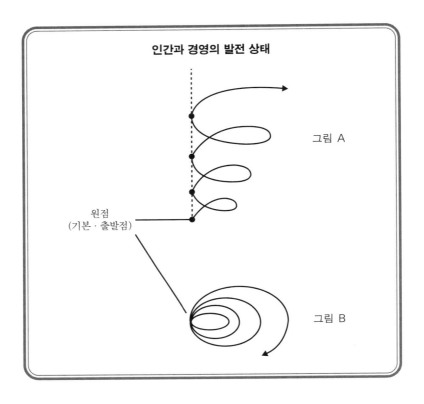

A처럼 옆에서 봤을 때 나선은 끊임없이 원점의 상공으로 회귀하며 발전하고 있음이 확인된다. B와 같은 평면도로 나타내면 원점을 중심으로 확대되어 성장하고 있음이 확인된다. 인간도, 경영도 기본으로 돌아갔을 때 성장한다는 것이 하세가와 사장의 지론이다.

F=ma라는 공식은 중학교라는 의무교육 과정에서 모두가 한번쯤 들어본 말이다. 모두가 이미 알고 있는 공식이다. 그런데 그 본질을 파악하기란 일류 대학 물리학과를 나온 재원도 쉽지

않다.

인간과 기업이 격변하는 시대에서 내일 어떻게 될 것인지는 예측하기 어렵다. 하지만 '어떻게 할 것인가'는 자기 의지로 예측 가능하다. 메이난이 절차를 중시하는 이유다. '어떻게 결정되었는가'가 아닌 '어떻게 결정할 것인가'를 묻는다. 이것이 메이난의 ma정신이다.

물리가 '사물을 순서 있게 생각한 결과'라고 한다면 인생은 '하루하루 속에서 삶의 보람을 느끼며 살아온 결과'가 된다. 그 인생의 절차를 어떻게 밟고 있는가, 또는 기업이 인생에 어떤 식으로 가치 있는 장소를 마련해주고 있는가가 문제인 것이다.

나선처럼 제대로 발전하고 있는가 싶으면 매너리즘에 빠져 도태되고, 퇴보한 것처럼 보였지만 결과적으로 기본에서 다시 시작하는 새 출발이 된다. 작용·반작용 법칙이다. 이를 통해 발전 에너지가 폭발한다.

뉴턴의 운동 법칙인 F=ma를 분석해보면 a가 0일 때 F는 0이된다. 이것이 관성이다(제1법칙). 또 F를 작용으로 본다면 ma는 반작용으로 볼 수 있다(제3법칙). 따라서 F=ma는 뉴턴이 말한세 가지 법칙의 전체상이다. 메이난 제작소는 F=ma를 통해 '마음의 눈을 뜨자'고 말한다.

정답만으로는 도움이 되지 않는다

물리는 과정이 중요하다. 수학은 결과가 끝이지만 물리에서는 과정 파악이 더 중요하다. 결과만 안다고 해서 물리를 아는 것이 되지는 않는다. 물리적 절차에 사상이 더해져서 응용이 실천된다. 절차를 추구하는 과정에서 '왜 그런 일이 벌어졌는가?', '그것이 사실인가?'라고 질문을 던지게 되고, 이를 바탕으로 개발의 가장 심오한 경지가 눈앞에서 현실로 나타난다.

일류대 엘리트가 좌절하는 까닭은 수학으로 물리에 접근해서다. 풀이 과정에는 정해진 답이 없다. 과정이라는 말 자체에 사상이 있고 창조가 있다. 이에 대해 하세가와 사장은 이렇게 말한다.

"일본의 기업 중에 99퍼센트가 기술 제휴라는 명목으로 거지처럼 외국에서 개발된 특허권을 빌려오거나 훔쳐옵니다. 그런 기술로 제품을 만들어 파는 것이 수치라고 생각하지 않습니다.

대기업에 빌붙는 중소기업도 똑같습니다. 결과만 좋으면 된다는 거지 같은 사상입니다. 과정이 없으니 개발도 없습니다."

학교 수업에도 같은 말을 할 수 있다. 현대 교육은 모방의 문화다. 그래서 단계가 더해질수록 공해를 비롯한 악질들이 파생된다. 이를 수습하기란 매우 어렵다. 사상이 없는 공허한 체계가 우리를 지배하고 있기 때문이다. 사상이 없는 기술처럼 위험한 것은 없다.

최근 들어 '물질문명'에서 '정신문화'로의 이동이 외쳐지고 있으나, 물질문명의 해답이 정신문화가 될 수는 없다. 물질에 정신을 대비시키는 것은 저차원의 발상이다. 물질문명이라는 결과에 정신문화라는 과정을 더한다면 지금까지 없던 새로운 가치관이 탄생할 수 있다. 이것이 현대인의 사명이다.

메이난 제작소는 18세 청년에게 3천만 엔짜리 플랜트 설계를 맡겼다. 실수가 많았지만 실수를 자각하면서 크게 성장했다. 대기업에서는 엄두도 못내는 인간 성장이다. 인간의 성장이야말로 $F = ma$의 정신이다.

메이난의 작업 시스템은 90퍼센트까지 개인이 책임진다. 90퍼센트의 공정까지는 자신이 하고 싶은 대로 일한다. 그러나 최후의 10퍼센트는 협업이다. 사장을 비롯한 선배의 충고를 받아들여 개선해나간다.

현재 메이난에는 아홉 개의 개발팀이 있다. 세계적 불황으로 설비투자가 둔화되어 작업량이 현저히 줄어들었음에도 그들은

메이난은 작업의 90퍼센트를 개인에게 맡기지만 최후의 10퍼센트는 협업하여 다른 사람의 조언을 듣도록 한다. 특히 하세가와 사장의 통찰력은 많은 직원에게 귀감이 되고 있다.

여유가 넘친다. 기회라 여기기 때문이다. 전 세계의 누구보다 한 발 앞서 새로운 기계를 개발하려면 그만큼 시간이 필요한데, 다행히 불황이라 기계 제작이 줄어들어 그만큼 시간이 남아돌게 되었으니 이만한 개발 기회가 어디 있느냐는 것이다. 메이난에서는 사장도 하나의 개발팀을 이끄는 그룹원이다. 사장의 개발 진행 과정과 기술을 흡수하는 것이 다른 사원들의 의무다. 진지하게 하세가와 사장이 살아가는 방법을 뜨거운 시선으로 주목하고 있다.

하세가와 사장은 열정적인 인물이다. 이야기가 시작되면 눈동자가 반짝반짝 빛난다. 특히 샌더 이야기가 나오면 거래처에 가서도 이야기를 멈추지 못한다. 따라간 사원이 안절부절 못해도 요지부동이다.

그렇게 하세가와 사장은 소비자의 요구를 알아낸다. 회사로 돌아와서는 입에 또 거품을 물며 수요자가 아직 기대하지 못하고 있는 신제품을 개발하자고 회의를 소집한다.

개발에는 최소 3년이 걸린다. 이렇게 오랜 시간 고생만 시켜도 되는 걸까, 하고 사장도 깊이 고민했다. 그래서 시작과 중간, 마무리 단계에서 3일씩 개발팀과 작업한다. 3일간의 작업에서 사장이 개발팀에게 자기 의견을 말하는 시간은 고작 3분이다. 3분의 충고로도 충분하다고 한다. 3년간의 노력에 하세가와 사장의 평생에 걸친 노하우가 3분의 힌트로 더해져 마침내 인고의 개발 작업이 완성되는 것이다.

아는 것을 정말로 알게 될 때까지 도전하라

'단순하고 기본적인 원리'를 이해하는 것이 개발의 기본

메이난 제작소는 세계에 없는 기계를 개발하려는 집념으로 가시넝쿨 같은 힘겨운 길을 상처투성이로 걸어가는 현장이다.

$F = ma$를 생각해낸 뉴턴은 사과가 자기 무릎에 떨어질 때까지 만유인력의 법칙을 생각하지 못했다. 뉴턴은 사과가 떨어지는 것을 보고 사과는 떨어지는 데 왜 달은 하늘에 떠 있는 걸까, 라고 의문을 품었고 그것이 만유인력의 법칙을 도출하는 단서가 되었다. 그러나 화장실에서 소변을 볼 때는 소변이 왜 위로 떠오르지 않고 아래로 낙하하는지 고민하지 않았다.

개발도 똑같다. 당연한 논리를 놓치기 일쑤다. 그래서 매주 열리는 뉴턴 물리동호회에서는 기본적이고 단순한 법칙을 최대한 자주 학습한다. 모르는 것을 배우는 게 목적이 아니다. 아는 것, 즉 '객관적'인 사실을 잊지 않기 위해서 학습하는 것이다. 이것이 개발의 기본임을 그들은 잘 알고 있다.

세상에는 모르는 일이 반이고 알고 있는 일이 반이다. 사람들은 모르는 것을 알게 되어야만 새로운 것이 창조된다고 생각하는데, 실제로는 아는 것을 제대로 활용하기만 해도 전에 없던 새로운 것이 창조된다. 알고 있다고 돌아보지 않는 곳이야말로 미지의 어두운 곳이다. 이 어둠 속으로 용감하게 달려드는 자만이 창조라는 도전의 길에서 자신만의 발자취를 남길 수 있다.

일하는 보람이 느껴지는 직장을 꿈꾸며

끝으로 메이난 제작소의 인재 육성 철학을 살펴본다.

하세가와 사장은 '사원은 회사의 보물'이라는 말에 반대한다. 보물이라는 표현은 인간을 사물로 보고 있다는 증거다. 그래서 '인재'라는 말도 비판한다. 그냥 '인간'일 뿐이다. 하세가와 사장은 다음과 같이 말한다.

창업해서 오늘날까지 직원들에게 이익을 내라고 말한 적이 없다. 왜냐하면 이곳은 기업이고, 기업인 이상 굳이 말하지 않아도 돈을 버는 것이 목적임을 모두가 알고 있기 때문이다. 그것을 일일이 직원들에게 말하는 데서 현대 기업의 근본적인 문제점이 발생했다. 기업은 직원들에게 돈을 벌어오라고 강요해서는 안 된다. '어떻게' 해야 직원들이 자신의 일에서 보람을 느끼게 될까, 고민해야 한다. 이 문제를 해결한다면 기업의 이익은 저절로 보장된다. 이익이 기업 경영의 목적이 되어서는 안 된다. 어디까지나 결과여야만 한다.

같은 이유에서 기업의 가치를 규모로 생각해서도 안 된다. 기업의 가치는 외형적 성장에 있는 것이 아니다. 직원의 능력이 입사 전보다 얼마나 성장했고, 나아가서는 인격적으로 성숙되었는가를 따져봐야 한다. 그런 면에서 봤을 때 메이난은 급성장한 기업이다. 우리에겐 유능한 기술자들이 많다. 대기업에서 우리 직원들의 스카우트 제안이 끊이지 않고 있다.

하지만 메이난 직원 중에 대기업으로 이직한 직원은 한 명도 없다. 삶의 보람이 느껴지는 조직, 나에 대한 가치가 확인되는 체제에서 떠나고 싶지 않기 때문이다. 메이난은 직원들이 삶의 보람을 느낄 수 있도록 지원한다. 그래서 직원들은 알아서 자신들의 능력을 계발하려고 노력한다.

기업마다 직원들의 중도 이탈이 과속화되고 있다. 직장에서, 업무에서 삶의 보람을 느끼지 못했기 때문이다. 삶의 보람을 느끼지 못하게 되면 급료에 따라 얼마든지 회사를 옮길 수 있다고 생각하게 된다. 하지만 돈 때문에 옮긴 회사에서도 삶의 보람은 느껴지지 않는다. 결과적으로 기업들이 그들 인생의 귀중한 시간을 무의미하게 날려버린 셈이 된다.

이런 환경에서 '기업의식을 가져라', '충성심을 가져라'고 말해본들 먹혀들지 않는다. 삶의 보람이 최우선인 메이난에서는 의식이

나 충성을 요구하지 않는다. 왜냐하면 메이난은 그들이 일하는 곳이 아닌 살아가는 터전이기 때문이다. 의식을 갖고 열심히 일하는 것에는 한계가 있으나, 본능적으로 살아가는 데에는 한계가 없다. 메이난은 후자를 택했다.

직원들에 대한 편견을 버리고 그들이 하고 싶은 일을 하도록 내버려둔다. 실패해도 격려해준다. 그러면 대부분 성공한다. '왜 이것도 못하느냐', '이 정도밖에 안 되느냐'는 말은 자극이 아니다. 싹을 밟아버려 의욕을 떨어뜨리는 짓이다. 하지 못하는 것은 하지 않았기 때문이다. 못해서가 아니다. 하지 않아서. 직원들의 능력 계발은 경영자, 관리자의 몫이다. 직원들이 실패하는 까닭은 리더 자신에게 능력이 없기 때문이다.

처음부터 잘하는 사람은 없다. 그렇기 때문에 곁에서 지도해주는 리더의 몫이 크다. 실패하더라도 리더는 참아야 한다. 여유는 리더의 덕목이다. 다음으로 상대를 신뢰해야 한다. 생산 이익이 일시적으로 떨어져도 초조하게 다그쳐서는 안 된다. 그것을 초월하는 용기가 경영자에겐 필요하다. 용기가 없는 경영자는 실패한다. 금전이 사고의 기준인 경영자는 직원들의 능력 계발에 장해가 되고, 결과적으로 자기 회사를 무너뜨리는 주범이 된다.

이만큼 인간을 신임하는 경영자가 또 있을까 싶다. 하세가와 사장이 행복한 경영자가 될 수밖에 없는 이유가 위의 글에 있다. 그런 의미에서 메이난 제작소는 어쩐지 종교적인 느낌이 강하게 든다.

러셀이 '종교는 과학이다'라고 말했는데, 메이난 제작소에서는 '과학은 종교다'가 될 듯싶다.

하세가와 사장도 한 신문과의 인터뷰에서 다음과 같이 말했다.

"자연과학이 종교적인 대상이 되었으면 합니다. 학교에서 배운 작용·반작용의 관계를 모르는 사람은 없지요. 이런 법칙을 통해 자신과 타인이 대등한 관계임을 배우게 된다면 종교의 역할을 과학이 해냈다고 할 수 있겠군요.

우리 회사에는 멋진 사람들이 아주 많아요. 눈물이 나올 만큼 행복한 일입니다. 나는 그들에게 월급을 준다고 생각한 적이 없습니다. 일하는 보람을, 살아가는 기쁨을 나눈다고 생각해왔습니다. 모든 직원들이 삶의 가치를 확인하는 직장이 되었으면 합니다. 그게 내 목표니까요."

메이난 제작소야말로 인간성 회복의 시대, 지식 집약화 시대의 최첨단을 걷고 있는 이상한, 그래서 자세히 살펴볼수록 '당연한' 회사처럼 보인다.

기업멸망론이 진지하게 논의되고 있다. 자본주의 사회의 기본이라고 할 수 있는 주식회사 체제가 그 어느 때보다 심각하게 존재의 이유를 부정당하고 있다.

이대로 가다가는 기업들이 멸망할 것이라고 학자들은 말한다. 지금까지의 방식으로는 모두가 공멸할 수밖에 없다고 사람들은 생각한다.

이런 견해에 메이난 제작소는 큰소리로 '노'라고 답한다.

메이난 제작소처럼 삶의 보람을 최우선으로 여기는 직장이라면 이보다 더 인간적인 곳은 세상에 없다. 제대로 된 기업이야말로 인간이 창조적으로 자신을 발전시킬 수 있는 무대이며, 그 결과로서 기업은 사회에 공헌할 수 있게 된다. 그런 미래가 가능하다는 것을 메이난 제작소가 보여주었다.

혹자는 메이난 제작소를 보고 '공산주의적'이라고 평가한다. 하세가와 사장 개인의 발상과 철학, 노력에서 오늘날의 메이난이 이룩되었다는 점을 고려했을 때 '독재적'인 일면을 떠올리는 독자들도 계실 것이다. 하지만 내가 관찰한 바로는 그럴 염려가 없다. 메이난 제작소는 한 명의 하세가와 사장에게서 출발했으나 머잖아 110명의 하세가와 사장이 일하는 곳으로 완성될 것이기 때문이다.

메이난 제작소는 110명이 일하는 작은 회사다. 그런 곳에서 대기업이 해내지 못한 고투가 날마다 치열하게 반복되고 있다. 우리의 역할은 그들에게 관심을 보여주는 것뿐이다. 이 작은 공장에서 벌어지는 전대미문의 실험이야말로 우리의 미래를 결정하는 새로운 역사의 출발점이 될 수도 있기 때문이다.

제2의 메이난 제작소를 꿈꾸는 이들에게

　메이난 제작소는 하세가와 사장의 독특한 사상과 열정에서 출발했다. 그래서 그의 경영 철학을 직접 들어볼 수 있도록 별도의 페이지를 마련했다. 경영뿐 아니라 인간과 자연, 인류의 미래까지 다종다양한 화제를 취합했으며, 일관성을 갖고 주제별로 분류하기보다는 현실적인 경영과 동떨어진 듯한 내용까지 모두 포함해서 넓은 범위의 질문과 하세가와 사장의 답변이 오갔다. 그것이 메이난 제작소를 만든 이에 대한 예의라고 생각했기 때문이다. 어렵거나 흥미롭지 않다고 여겨지는 대목도 찬찬히 읽고 소화해낸다면 실제적인 경영뿐 아니라 인생 전반에 걸쳐 새로운 시각과 깨달음을 주게 되리라고 본다.

"경영자의 최고 덕목"

혹시 사장업社長業이라는 말을 들어본 적 있으십니까? 말 그대로 사장이 해야 되는 일, 사장으로서 해야만 하는 일이겠지요. 제 생각은 이렇습니다. 경영자가 반드시 실천해야 될 의무는 조직의 발전과 성과가 아닙니다. 후배, 부하, 직원들에게 배우는 것입니다. 아랫사람에게 가르침 받을 용기가 있는가, 없는가. 이를 통해 경영자의 수준이 결정됩니다. 라이벌에게 자극받고 배우는 사람이 성장한다는 말이 있는데, 라이벌은 나와 비슷한 위치의 상대입니다. 마음속으로 인정한 사람입니다. 그런 사람에게 배우는 것은 어렵지 않아요. 하지만 내가 데리고 있는 사람, 내가 먹여 살리는 사람한테까지 고개를 숙이고 가르침을 청한다는 것은 여간 용기를 필요로 하는 일이 아닙니다. 그 일을 해낼 수 있다면 그는 경영자로서 더없이 용감하고 대담한 성품을 가졌다는 증거가 되겠지요.

경영자는 최고 연장자인 경우가 많습니다. 따라서 가르쳐야 될 일이 더 많지요. 그리고 당연히 가르치면서 나아가야 합니다. 하지만 가르치는 것이 자기 역할의 전부라고 생각해서는 안 됩니다. 직원들에게 불손해지고, 자기 머릿속은 불모지가 되기 때문입니다. 회사는 슬럼프에 빠지고 경영자는 그 자리에 멈춰버립니다.

경영의 30퍼센트는 배움을 통해 채워집니다. 경영자의 배움은 직원의 몫입니다. 직원에게서 배우는 것이 경영의 30퍼센트가 된다는 뜻입니다. 이 30퍼센트를 채우기 위해서는 용기가 필요합니다. 그리고 이 용기는 겸손에서 태어납니다.

경영자라고 해서 특별한 존재로 취급되거나 취급받기를 원해서는 안 됩니다. 특별하다는 '차별'을 두는 순간 문제가 터집니다. 경영자는 경영자이기 전에 인간이었습니다. 따라서 인간적이어야 합니다. 인간인 이상 결점이 있다는 것을 인정하고 들어가야 합니다.

경영자로서 긍지가 있고, 경영자라는 위치에 오르기까지 그가 쌓아올린 경험과 지식을 무시할 수는 없겠지요. 당연히 그런 부분은 자부심을 가져야 합니다. 허나 그것은 고작해야 경영의 70퍼센트밖에 되지 않습니다. 70퍼센트로는 승리할 수 없습니다.

말하고 실천하고 배우는 것. 인생도, 경영도 이 세 가지의 반복입니다. 이것이 모여 역사(시간)를 이룹니다. 우리 이야기가 책으로 만들어진다고 하였을 때 내가 처음 생각한 제목도 『역사 속의 메이난』이었답니다.

개인의 수준을 높이는 최선의 방법은 역사에 대한 흥미입니다. 역사, 즉 시간이라는 4차원 세계에 관심을 갖게 되었을 때 인간의 차원이 보다 높아지는 것입니다. 그렇기 때문에 경영자는 시간을 컨트롤할 줄 알아야 합니다.

"경영자와 과학"

사람을 증오하고 사람을 사랑하고 자연을 사랑하고 자연에 두려움을 느끼는 것이 인간의 한평생 아닐까요. 그러는 와중에 본능적인 위장 수법이 늘어납니다. 몸소 겪고 느낀 생활 체험이 생각의 주인이 되는 것이지요. 이건 경영자도 마찬가지입니다. 과거의 경험과 지식을 바탕으로 눈앞의 사물, 다시 말해 회사에서 일어난 '사건'을 판단하려 듭니다.

이것은 아주 초보적인 단계입니다. 여기서 한 단계 진화되는 과정을 거쳐야 합니다. 눈앞의 사물을 뚫고 들어가 그 안에 있는 어떤 것, 나아가서는 사물 저편에 있는 아직 존재하지 않는 어떤 것을 발견할 수 있게 된다면 경영자는 진화하게 됩니다. 기계적인 메커니즘의 발달 과정도 이와 같았습니다. 현상을 파악하는 데 목표를 두지 않고 이런 현상이 왜 일어났는가, 구조를 찾아내려고 애를 썼습니다. 그리고 찾아낸 구조를 인식화해서 전혀 다른 별개의 장소에서 같은 원리로 새로운 가치를 창조해냈습니다. 그런 점에서 봤을 때 과학과 경영은 같은 장르라고 볼 수 있습니다.

결과란 사물을 보는 경험의 방식에 따라 달라집니다. 같은 문제, 같은 목표를 두고도 경영자의 판단이 달라지는 까닭은 그들 각자가 지내온 삶의 방식이 달랐기 때문입니다. 하물며 기업이라는 다양한 인간 집단에서는 어떻게 될까요? 똑같은 상황에서 정반대의 생각과 느낌, 의견들이 용암처럼 분출합니다. 경영자는 그들 모두의 경험과 생각에 동감해야 합니다. 그럼으로써 경영자의 의식에서 연쇄반응이 일어나고, 이를 추진력으로 삼아 직원들이 미처 생각하지 못한, 깨닫지 못한 밑그림을 그려주는 것이 경영자의 임무입니다.

우리는 경험을 우습게 여기는 경향이 있습니다. 50대, 60대가 되면 자연스레 경험이 쌓인다고 안일하게 생각합니다. 그런데 경험이란 20대, 30대에 가장 많이 축적됩니다. 따라서 젊었을 때 경험에서 좀 더 높은 차원의 성과를 끄집어낼 수 있는 능력을 키우는 것이 중요합니다. 그런 능력 중 하나가 '과학적으로 보는 것'입니다.

오다 노부나가라는 인물을 생각해보죠. 그는 현대와 같은 과학적 훈련을 받지 못한 사람입니다. 그럼에도 과학을 접목해서 세상에 일대 변혁을 가져왔습니다. 비록 40대의 젊은 나이에 쓰러졌지만, 과학적으로 시간을 압축해서 사용했기에 천하를 지배할 수 있었던 것입니다.

여담인데, 나에겐 교과서가 한 권 있었습니다. 《문예춘추》입니다. 수십 년 간 한 달도 거르지 않고 《문예춘추》를 구독했습니다. 예술 잡지를 읽는 이유는 기계를 다루는 나의 시점에서 벗어나기 위해서입니다. 경영자로서 이건 내 전문이다, 라는 시점에서 한 번씩 탈피해 다양한 방식으로 관찰하고 생각해보는 습관이 필요합니다.

"기업의 경영 세습, 순리인가 반칙인가?"

세상에서 제일 이해되지 않는 것이 경영 세습입니다. 자식에게 기업을 물려주는 것을 경영의 최종 목표로 여기는 발상에 안타까움을 느낍니다.

세습이란 봉건제의 잔재입니다. 현대사회가 도래하면서 민주주의가 정착되고, 옛 관습들이 일변했음에도 오직 세습제만은 변하지 않고 오늘에 이르고 있습니다.

그런데 가만히 보면 학자나 예술가들은 자기 자식에게 명성과 재능을 물려주지 않고 있습니다. 기업만이 아버지에서 아들에게로 부富와 권력을 전하곤 합니다. 왜 그럴까요? 우리의 의식 구조에 도대체 무엇이 남아 있어서 최첨단을 자부하는 새로운 시대에도 세습의 폐해에서 자유롭지 못하게 된 걸까요?

사장의 아들이 자동으로 다음 대의 사장이 됩니다. 능력과는 별개입니다. 능력이 없어도 내 아들이니까 내가 만든 회사를 물려받는 게 당연하다고 말합니다. 마치 신의 섭리라도 되는 것처럼 의심조차 하지 않습니다. 이건 봉건주의입니다. 민주주의, 자본주의의 반대입니다.

물론 2세 경영자들은 아버지로부터 일찍이 경영 수업을 받아왔습니다. 1세 경영자는 2세인 자기 아들이 실수로 회사를 망칠까봐 열심히 제왕학을 가르쳤습니다. 허나 그렇다고 해서 사랑스런 아들이 훌륭한 경영자가 되는 것은 아닙니다. 때로는 성공

236

할 수도 있겠지요. 하지만 다른 직원들 입장을 생각했을 때 경쟁 구도 자체가 반칙입니다.

나는 세습제에 대해 이렇게 생각합니다. 경영자가 회사를 자기 소유로 생각하느냐, 아니면 공적 시설로 생각하느냐. 둘째로는 사장이란 자가 과연 공인인가, 개인인가. 회사가 내 것이라고, 내 재산이라고 생각하면 당연히 자식에게 물려주고 싶은 마음이 듭니다. 사장이라는 내 위치가 가족이나 친구들과 어울릴 때처럼 개인이라고 생각하는 사람은 당연히 가장 사랑하는 자식에게 내가 가진 것 중 가장 좋은 것인 회사를 물려주고 싶은 생각이 듭니다.

"경영 세습제의 대안, 노동 이상의 노동자"

요즈음 '경영 참여'라는 말이 유행하고 있습니다. 기업에 필요한 건 직원들의 차원 높은 의식, 다시 말해 '이 회사는 내 것이다'라는 주인 의식입니다. 그게 보장된다면 더 이상 걱정이 없습니다. 참된 '경영'이란 직원들 의식 속에 그런 생각을 심어주는 것입니다.

그런데 현실은 어떤가요? 직원들은 노동에 대한 대가로 월급을 받고 있습니다. 회사에서 일하고 돈을 받아가는 구조입니다. 당연히 월급만큼만 일하면 된다, 라는 의식에 젖어 있습니다. 야근이나 연장 근무라도 하게 되면 수당이 지급되어야 한다고 생각합니다. 회사는 경영자인 너희들의 것이니 나는 일해준 만큼 돈이나 받아가야겠다는 것이 보편적인 직장인의 의식 구조입니다.

과연 이런 구조에서 '경영 참여'라는 말이 먹혀들까요? 주인 의식을 갖고 일하라고 지시한들 잔소리밖에 더 되지 않을까요? 회사를 위해 열심히 일해봐야 돌아오는 건 매달 똑같은 월급과 연차로 정해지는 진급 기회가 전부입니다. 이런 상황에서 사장과 일개 신입 사원이 한 몸처럼 생각하고 움직인다는 것은 그야말로 꿈 같은 동화일 뿐이죠. 반면 나와 회사는 하나다, 내가 이 회사의 주인이다, 사장은 나와 다를 게 없다는 의식이 직원들 사이에 깔려 있다면 어쨌든 회사는 변할 수밖에 없습니다. 그것도 아주 좋은 방향으로 말이죠.

함께 일하는 사람들이 같은 의식을 공유하게 되면 한 명, 한 명의 머릿속에서 아이디어가 생겨나는 게 아니라 아주 거대한 두뇌 속에서 세상을 변화시킬지도 모르는 거대한 아이디어가 탄생하게 됩니다. 직원들이 경영자의 마음가짐으로 자기 회사를 경영하듯 다니고 있는 회사에 애착을 갖고 문제점을 파악하고 회사의 발전을 나의 발전과 동일시하게 됩니다.

이것이 곧 직원들이 회사를 자기들 것이라고 믿게 만드는 경영인데, 그러기 위해서는 경영 이념의 근본부터 뜯어고쳐야 됩니다. 세습제니 뭐니 하는 구습은 몽땅 버리고, 경영의 민주화가 이루어져야 하는 것입니다. 사내의 노조로 민주화가 해결되는 것은 아닙니다. 노조 위원장으로는 무리입니다. 경영자가 결단하고 나섰을 때만이 가능해집니다.

경영자는 개인이 아니라 공인입니다. 모범을 보여야 될 의무가 있습니다. 그럼에도 사회적으로 물의를 일으키거나 본이 되지 못하는 엉뚱한 사건에 휘말릴 때가 많습니다. 세습제는 그 모든 폐단의 출발선과도 같습니다. '물려받았다'라는 개념에서 시작되는 경영은 비극적일 수밖에 없습니다. 옛 시대의 봉건제가 비극으로 끝난 것처럼 말이죠. 과거와 달리 요즘 직원들은 고등교육을 수료했습니다. 매스컴의 발달로 인권 의식과 현실 감각이 그 어느 시대보다 왕성합니다. 현실의 변화를 경영이 따라가지 못한다면 그 경영은 망할 수밖에 없다고 생각합니다.

"특이한 경영 이념을 갖기까지"

나는 열다섯 살에 처음 공장에 취직했습니다. 야간 공고에 다니면서 회사에 다녔는데, 제일 먼저 느낀 것은 회사라는 곳이 모순으로 가득하다는 생각이었습니다.

회사는 '열심히 일해라', '생각하며 일해라', '새로운 일을 찾아내라'고 말합니다. 그런데 정말 그렇게 일하려고 작심해서 새로운 일을 해보려고 하면 어김없이 브레이크가 걸립니다. 상부의 결재가 떨어지지 않았다거나 그 일을 하면 질서가 문란해진다는 식으로 방해합니다. 일을 하라는 건지, 말라는 건지……. 회사 생활을 할수록 화가 나서 참을 수가 없었습니다.

　더 신기한 것은 동료들이 이런 모순에 별로 불만이 없다는 것이었습니다. 회사라는 조직이 원래 그렇다면서 그냥 넘어가는 게 이해되지 않았습니다. 그래서 상사와 선배들이 일하는 모습을 자세히 관찰해봤습니다. 그랬더니 다들 의문이 생겨도 스스로를 속이고 아무 일 아니라는 듯이 넘어간다는 것을 알게 되었습니다. 위에서 시킨 일만 해놓자, 나머지는 문제가 있어도 지시받은 일이 아니니까 신경 쓰지 말자, 라는 태도였습니다.

　마치 반쯤 썩은 사과를 먹고 있는 기분이더군요. 사과를 먹어야겠는데 반쯤 썩어 있는 것을 발견했습니다. 이걸 어떻게 할 생각이냐고 물어도 대답하는 사람이 없습니다. 썩은 부위를 도려내든지, 아예 새 사과를 구해오든지, 뭔가 선택지가 있어야 될 텐데, 돌아오는 대답은 내가 결정할 문제가 아니다, 내가 맡은 업무가 아니다, 라는 핑계뿐이었습니다.

　제 나름대로 여러 회사를 거쳤는데, 어디든지 크게 다르지 않았습니다. 어느 한 군데의 문제가 아니라 이 사회의 고질적인 병폐라는 확신이 들었습니다. 그때부터 고민이 시작되었지요.

"고민을 창조적인 실천으로 이끄는 원동력"

근성입니다. 누구에게나 있는 것이지요. 기업 경영, 나아가 직장 생활의 뿌리는 결국 근성입니다. 근성을 분석해보니 저 남자는 근성이 있다, 라는 말을 듣는 사람은 정작 자기 자신이 근성이 있다고는 생각하지 않는 경우가 많았어요.

왜 그럴까요. 이 일을 할 수밖에 없다고 스스로 납득시켜 얻은 인식에서 출발했기 때문입니다. 본인에게는 근성 같은 게 아니었던 겁니다.

'근성이 있다'는 평가는 타인의 눈으로 본 결과이며, 본인 입장에서는 당연히 해야 될 노력이었던 것입니다. 나는 이 '당연성'에 주목했습니다. "그렇게까지 열심히 일할 필요는 없잖아?"라고 말해도 당사자는 "나는 별로 한 게 없는데"라고 대답합니다. 그 말은 일하는 원동력이 사명감에 있다는 뜻입니다. 사명감이 바로 근성의 뿌리였던 것이지요.

그렇다면 '사명감'이란 무엇일까요? 자신이 처한 상황과 맡은 업무에 대한 납득과 인정입니다. '나는 이 일을 해야만 한다, 나는 이 일을 해낼 수 있다'라는 자기 확신입니다.

그렇게 납득하고 인정하고 확신했을 때 타인에게 인정받을 수도 있겠다, 타인이 나를 인정해줄 수도 있겠다, 라는 긍정적 자극이 생겨납니다. 그것이 내 안에서 자주성이랄까, 자발성이라는 실천력을 키워냈습니다.

"서로의 월급을 정한다는 것"

저차원의 욕구가 충족되면 인간은 자기도 몰랐던 높은 차원의 욕구를 드러내게 됩니다. 사회가 물질적, 금전적으로 풍요로워질수록 사람들은 정신적인 만족도로 행복을 규정짓게 됩니다. 기업이 성장할수록 경영자는 급료를 올려주고 보너스를 확대 시행합니다. 그것으로 충분하다고 여깁니다. 이런 생각은 분명히 잘못입니다. 기업이 일정 수준 이상으로 발전하게 되면 직원들은 급료와 보너스로 자극받지 못합니다. 왜냐하면 그들은 인간이기 때문입니다.

그래서 선택한 방법이 스스로 자기가 받아야 될 월급을 정하도록 한 것입니다. 회사에서 얼마를 주겠다고 통보하는 게 아니라 당신의 가치를 스스로 평가해서 받아야 된다고 생각되는 액수를 알려달라고 했더니 직원들의 만족도가 매우 높아졌습니다. 나중에는 동료의 연봉까지 정해보라고 규정을 확대했습니다.

인간에겐 타인에게 인정받고 싶다는 욕구가 있습니다. 직장에서도 마찬가지입니다. 처음에는 상사에게 인정받고 싶습니다. 나중에는 소비자에게 인정받고 싶어집니다. 나아가서는 전 세계 사람들에게 인정받고 싶고, 종국에는 역사로부터 인정받고 싶어집니다. 실제로 전 세계 사람들이 우리를 인정하고 있는지는 중요하지 않습니다. 내가 지금 하고 있는 일이 역사적인 일이다, 라는 자각이 있으면 상사로부터 스트레스 받을 일이 없습니다. 자기 길을 걸어가고 있다는 확신이 그래서 중요합니다. 성과급을 더 받으려고 야근을 하거나 감봉당하지 않으려고 책임을 떠넘기는 짓은 하지 않습니다. 월급을 받기 위해 회사에 다니는 게 아니라 '그 일'을 내가 해야 하기 때문에 회사에 출근하는 자주적인 인간이 되는 것입니다.

우리 회사는 특별히 해외 출장이 많은 편입니다. 그리고 우리 회사 직원은 누구든지 해외 출장이 가능합니다. 모든 업무를 다룰 줄 알기 때문입니다. 그래서 해외 출장만 담당하는 직원을 따로 두지 않습니다. 상대 국가에서도 우리 회사의 특정 라인에 있는 직원을 요구하지 않습니다. 메이난 직원은 누가 와도 업무에 지장이 없다는 것을 그들이 먼저 알고 있기 때문입니다.

우리 회사에는 미국통도 없고 프랑스통도 없고 중국통, 브라질통도 없습니다. '통'으로 불리는 전문가가 없는 대신 누구를 어느 나라로 보내든 자기가 맡은 역할을 훌륭히 이뤄내고 옵니다. 따라서 각국의 상대 기업들은 우리와의 거래에 신뢰감을 보입니다. 전에 상대했던 직원이 오지 않아도 결과가 똑같기 때문입니다. 이는 곧 메이난의 전 직원들이 같은 차원의 수준 높은 업무력을 키워냈다는 증거가 됩니다. 나는 이를 메이난이 전 세계로부터 인정받고 있다는 증거로 여깁니다.

"메이난 제작소와 물리학"

　오랫동안 직장 생활을 하다보면 누구든지 노련해집니다. 시간이 지나면 누구든지 성장합니다. 우리는 그 시간을 좀 더 압축하기를 원했고, 이왕이면 같은 시간 속에서 보다 많이 노련해지기를 원했습니다. 그러기 위해 자연법칙으로 눈을 돌렸습니다. 물리학을 공부한 것입니다. 인간의 주관적인 감정이 최대한 배제된 자연법칙에 따라 일하고, 수학적 공식에 따라 일의 성과를 예상할 수 있는 기업을 만들고자 했던 것입니다. 물리를 공부하면서 가장 눈에 띈 변화는 직원들이 '시간'이라는 개념을 이해하게 되었다는 점입니다.

　모든 운동에는 반드시 '시간'이 주어집니다. 이 세상에 시간이 관계되지 않은 운동은 없습니다. 시간은 여러 차원 중 하나입니다. 시간을 차원으로서 이해하게 된다면 세계를 보는 눈이 달라집니다. 차원이 다른 눈으로 직장과 업무를 생각하게 되는 것입니다. '시간'이라는 차원 속에서 자신의 인생을 컨트롤하는 인간이 되는 것입니다. 이것은 엄청나게 놀라운 발전입니다.

　메이난의 물리연구회는 변위를 추구합니다. 우리의 목표는 도구를 만들어내는 것이기 때문입니다. 우리는 '이 도구가 어디에 쓰는 물건이지?'라고 묻지 않습니다. '이런 제품을 만들어내려면 어떤 도구가 필요하지?'라고 묻습니다. 즉 인간의 모든 생활을 탐구하고 추적하는 것입니다. 물리연구회의 목표는 행동입니다. 시간이 포함된 행동입니다. 그렇기 때문에 메이난에서의 시간은 변화를 일으킵니다.

간혹 그런 걸 만들어봐야 소용없다는 의견이 나오기도 합니다. 그래서 만들어봅니다. 논쟁은 불필요합니다. 만들어보면 알게 됩니다. 만들어가는 시간이 답을 내려줍니다. 그리고 정말 소용이 없는지 고객에게 가져가서 물어봅니다. 고객에게 물어보는 행동을 통해 답을 알게 됩니다. 만약 고객이 쓸모없다고 말해도 실패가 아닙니다. 고객에게 쓸모없는 것이 무엇인지를 배웠기 때문입니다. 개조하고 개선해서 다음에는 쓸모 있는 기계를 만듭니다. 목표하지 않아도 레벨이 상승됩니다.

노련한 선배들은 후배의 의견이 부족하다는 것을 압니다. 그래도 안 된다는 말은 하지 않습니다. 시간이라는 차원 속에서 스스로 깨닫게 되기를 기다립니다. 낮은 차원에서의 '플랜 두 씨Plan-Do-See'가 반복되어야만 자기 체험이 되어 성장한다는 것을 그들은 배웠기 때문에 후배들이 배워가는 과정을 우습게 여기지 않습니다.

멀리서 보면 후지산도 작아 보입니다. 하지만 산밑에서는 정상이 보이지 않습니다. 막상 산을 타기 시작하면 정상은 더더욱 보이지 않습니다. 그때 뒤를 돌아보면 내가 이만큼 올라왔구나, 뿌듯해집니다. 정상을 보면서 나아가는 게 아니라 이만큼 올라온 내가 기특하고 대견해서 다음 발걸음을 옮기게 되는 것입니다. 이것이 바로 체험 학습의 성과입니다.

기업도 사회입니다. 기업에서 겪는 모든 체험은 사회 체험과 똑같습니다. 우리 회사의 뉴턴 물리학습회는 그런 의미에서 작은 사회라고 볼 수 있습니다. 암기와 기억 대신 도구를 만들고 스스로 테마를 정해 '플랜 두 씨'를 경험합니다. 현장에서 자연스레 학습회의 성과가 나올 수밖에 없습니다.

"경영은 과학, 과학은 예술"

과학과 예술의 차이는 간단합니다. 과학의 특성은 '재현'입니다. 몇 번이고 실험을 통해 같은 현상을 반복해서 재현해보일 수 있습니다. 반면에 예술은 일회성입니다. 모든 창작은 단 한 번뿐이고, 그 다음부터는 복제일 뿐입니다. 그래서 과학이 필연을 중시한다면 예술은 개연을 중시합니다.

메이난은 '과학하는 마음'을 추구합니다. '과학하는 마음'이란 과학과 예술의 접목입니다. 과학을 머리가 아닌 마음으로 하고자 시도하는 것이니까요. 필연과 개연이라는 두 마리 토끼를 놓치지 않겠다는 다짐으로 보편적이면서도 일반적이고, 그래서 특수한 어떤 진실을 깨닫고 싶다는 욕망이기도 합니다.

여러 가지 사건에서 공통성이 발견됩니다. 놀라게 되고 흥미가 솟아납니다. 그래서 파고듭니다. 마침내 예술적인 개연성과 접촉하게 됩니다. 메이난은 레오나르도 다빈치를 롤 모델로 삼고 있습니다. 그는 인체라는 매우 공통적인 사물에서 근육 구조라는 보편성을 찾아냈고, 이를 철저히 연구하는 가운데 불후의 걸작 모나리자를 창조해냈습니다. 다빈치와 같은 천재에겐 과학과 예술이 하나였지요. 나는 경영도 그렇게 되리라고 봅니다.

다만 우리는 천재가 아닙니다. 천재와 조금이라도 비슷해지려면 공부해야 합니다. 처음에는 반강제적으로 시행한 공부였습니다. 그럼에도 불구하고 과학은 우리가 부정할 수 없는 법칙의 성과를 선사했습니다. 그 후로 우리는 자주성을 갖고 과학에게 접근했습니다. 그랬더니 이번에는 예술 작품에 비견되는 새로운 기계, 새로운 제품을 세계 최초로 만들어내게 되었습니다.

"경영자라면 화장실 청소를 해 보라"

여러 사장님들에게 내가 꼭 드리는 말씀이 있습니다. 시간이 날 때마다 화장실 청소를 해보라는 권유입니다. 화장실은 회사에서 가장 더러운 곳입니다. 숨기고 싶은 곳입니다. 감춰진 곳입니다. 그렇기 때문에 사장은 반드시 화장실 청소를 해봐야 합니다.

경영도 궁극적으로는 '미美'를 추구해야 됩니다. 아름다운 경영을 목표삼아야 되는 것입니다. 직원들에게서 아름다움을 발견하고, 그 아름다움을 조직으로 확산시켜 경영을 통해 '조직미'를 창조해냅니다. 그러려면 어디가 가장 더러운지, 어디가 가장 보기 싫은지를 먼저 알아내야 합니다.

아름다움이란 미술론, 예술론, 문화론을 읽고 이해하는 것이 아닙니다. 경영도 조직론, 관리론을 읽고 실천되는 것이 아닙니다. 분석해서 법칙을 파악하는 것도 중요하고, 파악해서 시도하는 것도 좋은 방법입니다. 그러나 가장 좋은 방법은 원초적인 상태로 돌아가서 시도하는 것입니다. 반복하고, 반복해서 진보하는 것이야말로 가장 높은 차원의 진보입니다.

옛날에 과학을 '궁리'라고 했습니다. 과학은 일상의 모든 것을 포함하는 매우 실천적인 학문이었습니다. 그런 과학을 우리는 언제부턴가 두려워하며 반감을 갖게 되었습니다. 거래처 사람들에게 과학을 말하면 또 과학 이야기냐고 거부감을 나타냅니다. 신입 사원도 적응하지 못합니다. 신입 사원의 90퍼센트가 반감을 갖고 '과학하는 마음'에 반발해서 난처할 때가 한두 번이 아닙니다. 그들이 이렇게 된 데에는 학교의 책임이 큽니다. 과학을 단순히 암기화해서 기억이라는 장치에 가둬버렸기에 실험을 통해 진실과 대면하고, 개발을 통해 세상에 없는 제품을 만들어내는 데에 무의식적인 공포와 반감을 느끼게 된 것입니다. 자기의 과거가 부정되는 데서 '과학하는 마음'을 수용하지 못하게 되고, 결국에는 창조라는 예술적 아름다움마저 거부하기에 이릅니다.

우리는 그 반감과 오해의 소용돌이에 둘러싸여 성장해왔습니다. 하나하나 그것을 해명하고 길을 개척해왔습니다. 그것이 메이난의 자부심입니다.

"아무도 졸지 않는 강연회의 비결"

1978년 가을 신일본제철의 주축 계열사인 히로하다 제작소에 강연을 하러 간 적이 있습니다. 강연회에는 약 1천명의 직원들이 참석했습니다.

내 첫마디는 "우리 메이난은 헤겔의 자연변증법을 실천하고 있습니다"였습니다. 이어서 단상에 있는 물병과 컵으로 한 가지 실험을 해보였습니다.

컵에 물을 따르고 일단 한 잔 마셨습니다. 그리고 "내가 어째서 이 물을 마실 수 있었을까요?"라고 물었습니다. 다들 질문의 의도가 이해되지 않는다는 표정으로 나를 쳐다봤습니다.

"내가 여러분을 믿고 있기 때문에 이 물을 마실 수 있었던 겁니다"라고 말한 후 호주머니에서 약봉지를 꺼내 하얀 가루를 보여줬습니다. "기업의 경영자는 여차하는 순간 이 약을 먹어버리면 된다는 각오로 일합니다. 당연히 나도 이 약을 가지고 다닙니다"라고 말하며 가루를 물에 탔습니다.

"자, 이번에는 여러분 차례입니다. 여러분 중에 이 물을 마실 수 있는 분이 계십니까?"라고 물어봤지만, 누구 한 사람 마시겠

249

다고 나서는 사람이 없었습니다.

"마실 수 없겠지요. 그건 여러분이 처음 만나는 저를 신뢰하고 있지 않아서입니다. 여러분에게 이 물을 마시게 하려면 제가 먼저 반쯤 마셔야 될 겁니다. 그래야만 여러분은 이 가루약이 독약이 아니라는 것을 알고 안심하며 나머지 반을 마실 테니까요."

내가 가져온 하얀 가루는 소화제였습니다.

나는 계속해서 강연을 이어나갔습니다. 인간을 신뢰한다는 것은 공기와 같은 것이다, 우리의 생활은 무의식 중에도 서로를 믿지 않으면 살아나가지 못한다, 신뢰는 때론 사소한 일 때문에 불신으로 바뀐다, 여러분도 지금까지 몇 번씩 이런 장면에 맞닥뜨렸을 것이다, 불신을 없애기 위해서는 방금 내가 해보인 것처럼 믿지 못하겠다는 컵의 물을 먼저 마시는 솔선이 시작되어야 한다……. 이것은 그 분들에게만 해당되는 이야기가 아니라 메이난에서 이미 거쳐온 과정이기도 했습니다.

인간의 심리는 항상 불안한 상태입니다. 따라서 설득과 신뢰는 작은 것부터 시작해야 합니다. 물 한 잔 나눠 마시는 데서부터 시작하는 게 좋습니다.

이 실험에서도 볼 수 있듯이 모르는 사람과는 물을 나눠 마시지 못합니다. 인간은 자기가 모르기 때문에 믿지 못합니다. 설득이란 내 이야기로 상대를 굴복시키는 게 아닙니다. 상대가 모르는 것을 알게 해주는 것이 먼저입니다.

경영자는 종업원을 생각해서 월급을 인상하고 보너스를 지급

합니다. 그래도 직원들은 경영자를 불신합니다. 또 경영자는 종업원이 받아간 월급만큼 일하지 않는다고 불신합니다. 불신과 불만은 외부 환경이 바뀐다고 해서 사라지는 게 아닙니다. 인간의 자존감, 자주성을 만족시켜주지 않는 한, 불만은 반복됩니다. 그래서 메이난 제작소는 자신의 연봉을 스스로 책정하도록 룰을 개정했습니다.

경영자가 직원을 생각해주는 마음과 직원이 자기 자신을 생각하는 마음은 같을 수 없습니다. 아무리 직원을 아끼고 보살펴줘도 직원이 스스로를 아끼고 보살피는 데에는 비교가 안 됩니다. 이것이 인간의 본성입니다. 세상 누구도 자기 자신보다 남을 더 사랑하는 사람은 없습니다. 따라서 자기를 만족시킬 수 있는 존재는 자기 자신뿐입니다. 경영자는 이 점을 이해하지 않으면 안 됩니다. 왜냐하면 경영은 기업이나 제품이 아닌 인간을 다루는 행위이기 때문입니다.

말로, 생각으로 사람의 마음은 바뀌지 않지만, 증거 앞에서는 수긍합니다. 목이 말라 물을 마시고 싶은데 의심스런 물 한 잔이 보입니다. 마실까, 말까 고민됩니다. 그런데 경영자가 먼저 한 모금 마시고 괜찮다며 건네줍니다. 여기서 신뢰가 생깁니다. 노사 갈등의 핵심이 바로 이것입니다. 경영의 승부가 먼저 한 모금 마시는 데서 결정되는 것입니다.

문제는 물 한 모금으로 직원의 마음을 불신에서 신뢰로 이끌 수 있는 관리자가 몇이나 되느냐는 것입니다. 경영자는 그런 사람이 되어야 합니다.

신일본제철의 히로하다 제작소에서도 같은 말을 했습니다. 강연이 끝나고 소장이 "하세가와 사장님, 강연이 끝날 때까지 한 명도 퇴장하거나 조는 사람이 없었어요. 처음 있는 일입니다"라고 감탄했습니다. 뜬구름 잡는 이야기 같지만 그것이 현실임을 현장에서 일해온 분들은 직감했던 것입니다. 그들이 보는 데서 나는 물 한 잔으로 실험을 했고, 그 실험의 결과가 너무나 당연해서 아무도 반박하지 못하고 그 자리에 앉아 있던 것이라고 생각합니다.

"사장과 직원의 경계, 경영자는 어차피 관리자다?"

인간이 살고 있는 공간은 3차원입니다. 그러나 실제로는 시간이 포함된 4차원에서 살고 있습니다. 따라서 경영자는 공간과 시간을 다스릴 줄 알아야 합니다.

일주일에 법정 근로시간이 40시간입니다. 사장이 직원이 일하는 40시간 내내 따라다니면서 관리한다는 게 가능할까요? 메이난은 일본뿐 아니라 전 세계에 제품을 판매하고 있습니다. 외국으로 출장가는 사원도 많습니다. 그들을 관리하기 위해 내가 외국까지 쫓아갈 수는 없습니다. 그렇다면 경영자는 어떻게 직원을 관리할 것인가? 나는 관리라는 말을 좋아하지 않기 때문에 달리 설명하겠습니다. 저 직원이 나(사장)와 같은 생각을 하고 있다고 확신하게 되면 더 이상 걱정이 없습니다. 시간과 공간을 초월해 사장과 직원이 동시성을 갖게 되는 것입니다. 이것은 5차원의 세계, 즉 에너지의 세계입니다. 여기서 에너지란 직원의 자주성과 자발성을 의미합니다.

에너지를 활용하는 단계가 되면 사장과 직원의 경계는 없다고 봐야 합니다. 전 직원이 사장만큼 일할 수 있고, 사장처럼 생각할 수 있기 때문입니다. 이 단계를 지배하는 힘은 6차원의 세계에서 만들어집니다. 6차원은 '믿음'의 영역입니다. 이쯤 되면 영리를 추구하는 기업이 아니라 같은 신을 섬기는 종교 단체와 비슷해집니다. 그래서인지 나는 스님들과 말이 잘 통합니다. 서로가 믿음의 차원에 머물고 있기 때문입니다.

불교의 진리도, 중학교 3학년 교과서에 나오는 물리 공식도 다를 바 없습니다. 우리는 이미 날 때부터 진리를 알고 있고, 나머지 삶은 죽을 때까지 진리를 복습하는 데 불과합니다. 물리학 습회가 종교는 아니지만, 그 성격은 종교와 다를 바 없습니다. 우리는 신神 대신 자연법칙을 믿고 따릅니다. 세계의 구성 원리를 믿어 의심치 않습니다. 그래서 메이난을 '물리교物理敎'라고 부르는 사람들도 있습니다. 나는 그 말이 싫지 않습니다.

"촘촘히 조직화된 기업은 곧 멸종 위기의 공룡"

　메이난 직원들은 자식을 키우듯 후임을 키웁니다. 이것은 회사를 위한 수고가 아닙니다. 자기 본능의 분출입니다. 자연스러운 욕망이므로 시키지 않아도 열심입니다. 회사의 질서가 자연스레 정리됩니다. 게다가 일시적인 현상으로 그치지 않습니다. 자연 속에서 나무 한 그루가 숲을 이루듯 메이난에서는 직원 한 사람이 회사를 만듭니다. 스스로 필요한 설비를 갖추고, 자급력을 발생시키고, 경영 스케일을 진단합니다. 첫째는 자기만족을 위해, 둘째는 나의 후임을 위해서입니다. 선임에서 후임으로 자연스레 능력과 창조력이 전해집니다. 마침내 메이난은 숲처럼 생명력의 성장을 이뤄내는 기업이 되었습니다.

　그렇다면 사장인 나의 역할은 무엇일까요? 선임에서 후임으로 전해지는 생명의 연쇄성이 중도에 끊어지지 않도록 관리하고 감시하는 기능뿐입니다.

　기업의 성장은 자연을 닮아야 한다고 생각합니다. 인간이 자연에서 출현했기 때문입니다. 갓난아기가 소년이 되고, 청년이 되고 성인이 되어가듯 기업의 성장은 신입 사원이 자기 몫을 해내는 직원으로 성장하고, 나아가서는 후임의 성장을 돕는 인생 선배로서 더욱 커나가는 과정에서 자연스레 발전해나가는 것이 옳다고 봅니다. 기계를 많이 팔아서, 신제품이 적중해서, 직원을 늘려서 회사를 성장시키려는 발상은 반드시 실패하게 되어 있습니다.

이익은 노력에 따라 얼마든지 늘어나고 줄어들 수 있습니다. 중요한 건 인간입니다. 인간이 존재하기에 경제가 있고, 기업이 있습니다. 기업 때문에 인간이 존재하게 된 것은 아닙니다.

사람을 키우면 이익도 커집니다. 나의 이러한 신념은 지금까지 틀리지 않았습니다. 앞으로도 틀리지 않을 것이라고 생각합니다.

인간을 바르게 육성하면 세상이 제아무리 변해도 주체적인 대응이 가능합니다. 아니, 세상 그 자체를 우리 스스로 변화시킬 수 있게 됩니다.

나는 조직론에 항상 반대해왔습니다. 조직에는 대응력이라는 게 없기 때문입니다. 조직은 고정되어 있고, 보수적이며, 단체 행동을 원합니다. 비대화된 공룡은 지구의 생태 변화에 적응하지 못하고 허망하게 멸종했습니다. 비대해진 경영자의 권력, 촘촘하게 조직화된 기업 문화는 내게 멸종당한 공룡을 연상시킵니다.

"세상 어디에도 없는 급여 시스템"

사실 메이난 제작소가 이렇게 유명해진 데에는 '차원제'가 있습니다. 우리 회사를 견학하러 오는 사람들도 대부분 '차원제'가

진짜로 존재하는지 궁금해서 찾아왔다는 분이 많습니다.

아마도 전 세계 기업 중에 인간의 차원에 맞게 급여를 지불하는 회사는 우리밖에 없을 겁니다. 그래서 다들 차원제가 도대체 무엇이냐고 궁금해하시지만, 실은 메이난 직원들조차 차원제를 정확히 이해하고 있는 경우가 드뭅니다.

차원제라는 전무후무한 급여 시스템을 도입하면서 내가 궁극적으로 원했던 것은 직원들의 인격적 완성도입니다. 그 과정에서 알력과 불만, 다툼이 벌어지는 것은 언제든 대환영입니다.

차원은 한 인간의 종합적인 판단 근거가 됩니다. 회사에서 보여주는 업무, 특정 분야에서의 능력, 성과, 충성도, 근면도라는 회사의 가치관에 입각한 직원 평가로는 부족하다고 생각했습니다. 직원의 전 인격, 어떻게 보자면 그의 전 생애를 관통하는 하나의 기준을 세워놓고 그가 살아온 인생 전반을 급여라는 현실적 보상에 투영하고자 했습니다.

아쉽게도 나의 이런 의도와 달리 메이난 직원들이 여전히 가장 크게 불만을 토로하는 것이 차원제입니다. 심한 말로 속임수다, 사기다, 라고 내 면전에서 욕설을 퍼붓는 직원도 많이 있었습니다.

차원에 대한 이해는 메이난 직원들에겐 생업과 직결된 현실입니다. 나는 이것만으로도 성과가 컸다고 자부합니다. 우리가 살면서 자신의 차원에 대해 고민할 기회가 얼마나 될까요? 그래서 나는 차원제를 결정하는 급여 위원회에 전 직원이 돌아가면서 소속되도록 배려하고 있습니다.

차원제에 의문을 갖고 반대하는 직원도 급여 위원회 소속으로 자신의 연봉과 동료의 연봉, 그리고 사장인 내가 받아야 될 연봉을 책정하고 있습니다. 만약 그 과정에서 차원제의 심각한 오류를 발견하고 그보다 더 뛰어난 급여 시스템을 만들어온다면 나는 오늘 당장 차원제를 폐지시킬 각오가 되어 있습니다.

실제로 직원들 과반수가 차원제의 오류를 밝혀내기 위해 프로젝트 팀을 만들고 무려 2년간 차원제를 대체할 만한 급여 시스템을 연구했으나 실패했습니다. 직원들 스스로 차원제만한 급여 시스템이 없음을 인정하게 된 것입니다.

각 직원들의 차원은 급여 위원회에서 산정합니다. 나를 포함한 모든 사원의 차원이 이 급여 위원회를 통해 확정됩니다. 급여 위원회 활동은 직원들을 성장시키는 최고의 연습 무대입니다. 나의 차원뿐 아니라 동료의 차원까지 판단해나가는 경험을 통해 인격이 성숙됩니다.

인간의 용량은 그것을 측정하는 틀에 따라 결정됩니다. 나는 그 틀을 차원이라고 부릅니다. 경영의 핵심은 직원의 급여를 결정하는 일입니다. 그런 의미에서 메이난의 전 직원은 돌아가면서 경영자의 업무를 도맡고 있는 셈입니다. 그것만으로도 차원제는 역할을 다했다고 자신합니다.

간혹 급여 위원회의 결정에 불만을 터뜨리는 직원이 나옵니다. 자기가 생각했던 것보다 저차원의 결과를 받아들일 수 없다는 얘기지요. 불만이 있으면 얼마든지 상고할 수 있습니다. 하지만 결정된 차원은 그 해만큼은 변동이 없습니다. 이것은 급여 위원회를 압박하기 위한 수단입니다. 번복하기 어려운 만큼 충분히 동료들을 관찰해서 제대로 판단하라는 무언의 압력입니다.

차원제에 대한 나의 신념은 확고합니다. 직원이 받아가야 될 돈을 회사에서 마음대로 정해버린다는 것 자체가 이해되지 않습니다. 그런 회사야말로 '이상한 회사'입니다. 내가 일한 만큼 내가 가져가는 것은 무엇과도 바꿀 수 없는 진리입니다. 급여결정권을 회사가 책임지는 까닭은 직원들을 믿지 못하기 때문입니다. 믿지 못하기 때문에 지배하려 듭니다. 지배계층과 피지배계층으로 나누어진 회사가 제대로 걸어갈 수 있을 리 없습니다.

"앞으로도 그렇게 메이난처럼 되어갈 겁니다"

메이난 제작소를 방문하는 경영자들은 어떻게 하면 우리 회사도 메이난처럼 변할 수 있느냐고 묻습니다. 나의 대답은 한결같습니다. 당장에 차원제를 시행할 수는 없으니 우선은 야유회부터 사원들에게 맡겨보라는 것입니다.

야유회나 위로 여행은 전적으로 회사 권한입니다. 필요는 직원들을 위해 태어났지만, 결정권은 언제나 회사에 있습니다. 나는 예산이 포함된 전권을 직원들에게 양보하고 어떻게 나오는지 지켜봐라, 혁명이 일어날 것이다, 라고 경영자들에게 말합니다. 놀랍게도 나의 충고를 들은 경영자 중 단 한 명도 이를 실천에 옮긴 분이 없습니다.

그럴 때면 경영자의 내면에 감춰진 직원들에 대한 신뢰와 불신을 보게 되는 것 같아 안타깝습니다. 경영자는 평소 직원들을 신뢰한다고 말하면서도 정작 야유회 가는 것조차 그들에게 맡기지 못하고 믿지 못합니다.

직원을 동물원 우리에 갇힌 사자로 볼 것이냐, 인간으로 볼 것이냐의 문제입니다. 직원을 사자로 바라보는 경영자는 우리 밖으로 직원들을 풀어놓으면 사자처럼 자기를 물어뜯게 되리라고 걱정합니다.

그러나 직원은 사자가 아니라 인간입니다. 물어뜯을 리가 없습니다. 직원을 인간으로 봐주는 것 자체가 신뢰입니다.

자신들을 신뢰해주는 회사를 직원들은 무너뜨리지 않습니다. 무너뜨릴 수가 없습니다. 그런데 경영자는 직원들의 이런 마음을 제대로 읽어내지 못합니다.

협력 회사 중에 S기계라는 회사가 있습니다. 메이난의 전체 발주 중 5분 1을 담당하는 곳으로 협력 회사의 대표 격입니다. 강성 노조도 있고 해서 사장은 항상 메이난처럼 되고 싶다고 노래를 부릅니다.

하루는 예순의 사장에게 야유회 일체를 직원들에게 맡겨보라고 권했습니다. 아니나 다를까, 하와이로 야유회를 가겠다고 하면 어떻게 하느냐고 걱정입니다. 그래서 만일 하와이로 가겠다고 나서면 경비를 내가 전액 부담할 테니 걱정 말고 맡겨보라고 했습니다.

S기계 사장은 나의 강권에 못 이겨 억지로 야유회를 직원들에게 맡겼습니다. 과연 S기계에서는 대소동이 일어났습니다. 결국 회사 근처의 온천에서 1박하는 것으로 결정되었습니다. 평소에는 야유회가 재미없다고 직원들 상당수가 불참하곤 했는데, 이번 야유회에는 가족까지 전부 동반해서 평소의 세 배가 넘는 인원이 참석했습니다. 게다가 가족 동반에 들어간 비용은 노조에서 지원하겠다고 미리 사장에게 건의하는 바람에 S기계의 노老사장은 생전 처음 있는 일이라며 크게 감격했습니다. 그 자리에서 사장은 '아니다, 예산에서 추가되는 비용은 모두 회사에서 부담하겠다'고 선포해버렸고, 야유회에 가서는 사장님 덕분에 가족 여행까지 하게 되었다는 직원들과 직원 가족들의 감사 인사에 기뻐서 정신을 못 차릴 정도가 되었다고 합니다.

여행에서 돌아온 S기계 사장은 "정말 상상도 못한 일이 벌어졌습니다. 전부 사장님 말씀대로였어요"라고 연신 고맙다는 인사를 했습니다.

"앞으로도 계속 그렇게 하세요. 언젠가는 메이난처럼 될 겁니다"라고 격려해드렸습니다. 이 말은 S기계 사장뿐 아니라 모든 기업 경영자에게 꼭 해드리고 싶은 격려이자 충고입니다.